Cuaderno
de DISEÑO
de MODA

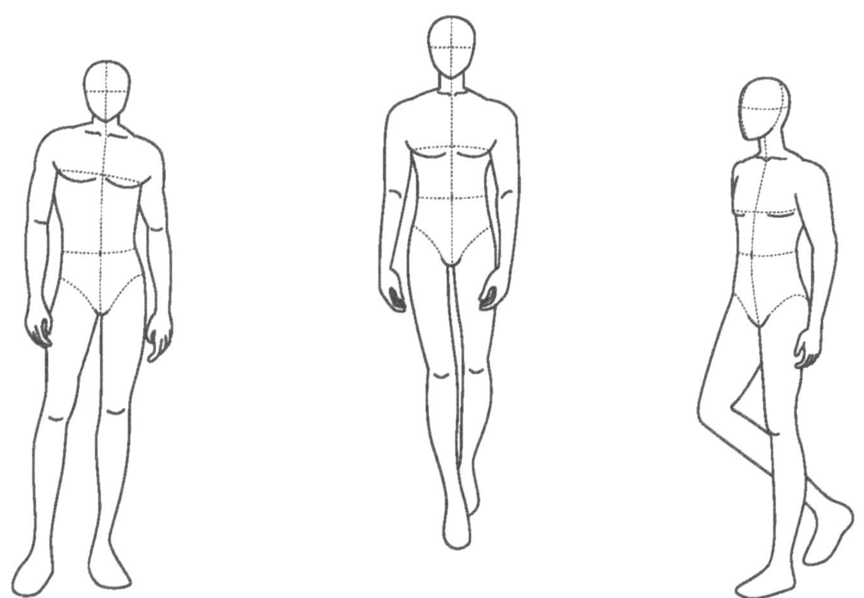

PLANTILLAS DE FIGURAS MASCULINAS

De Principiante a Avanzado

Niky Jadesson

© Copyright 2025 - Niky Jadesson
Todos los derechos reservados.

bienvenido

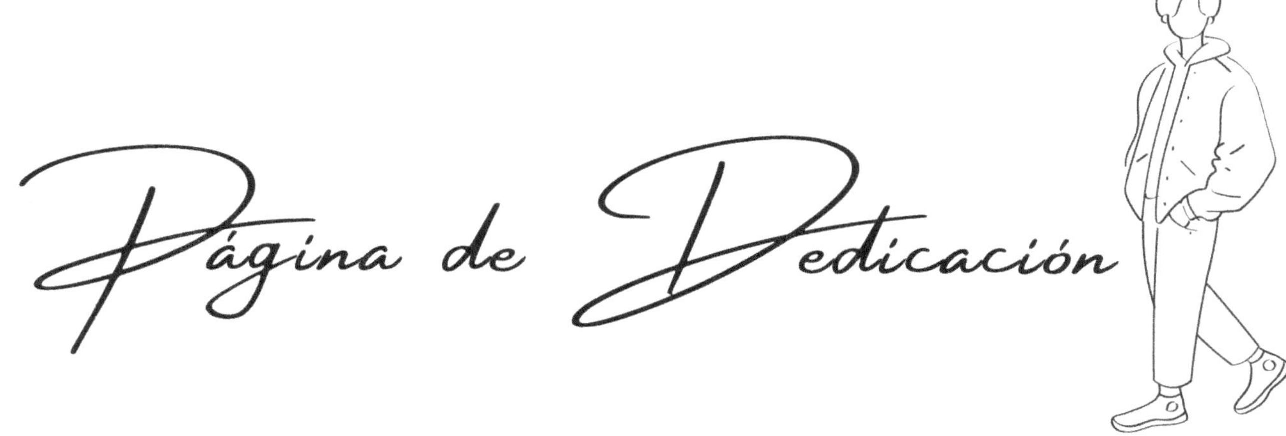

Página de Dedicación

A todos los aspirantes a diseñadores de moda inspirados en el estilo, la sastrería y la creatividad masculina.

Este libro fue creado para ti: para experimentar, aprender y expresar tus ideas a través del diseño de prendas.

Que cada página te brinde confianza, inspire originalidad y te recuerde que cada boceto es el comienzo de una obra maestra.

Y a los mentores, colegas y seres queridos que apoyan este viaje: gracias por ser la verdadera base detrás del arte.

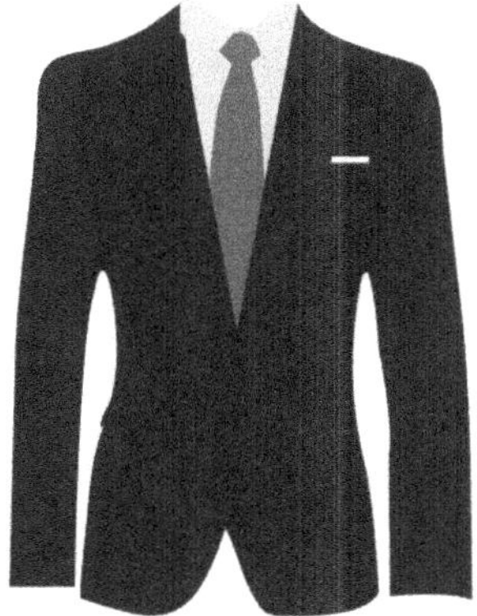

Con respeto y pasión,

Niky Jadesson

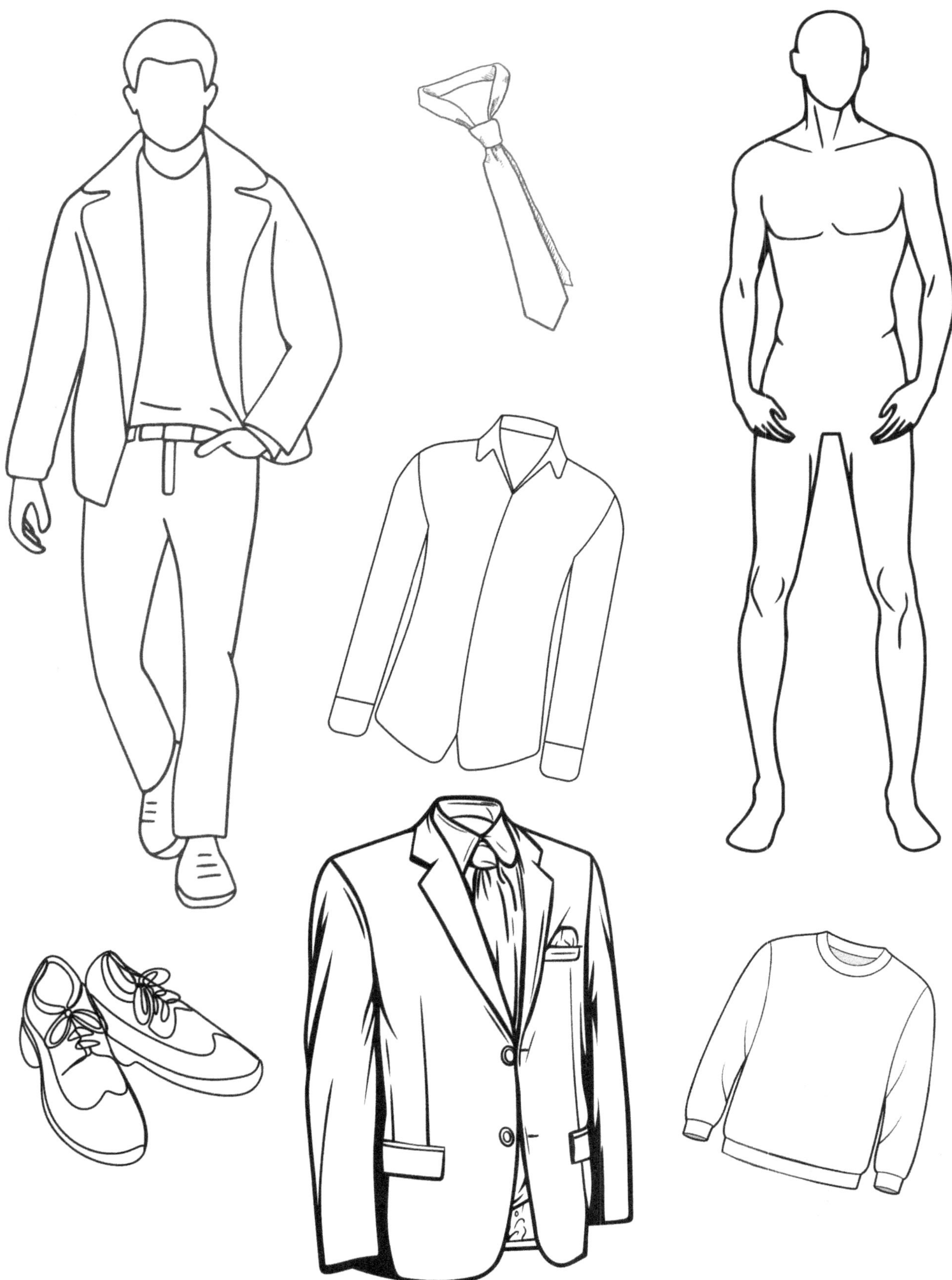

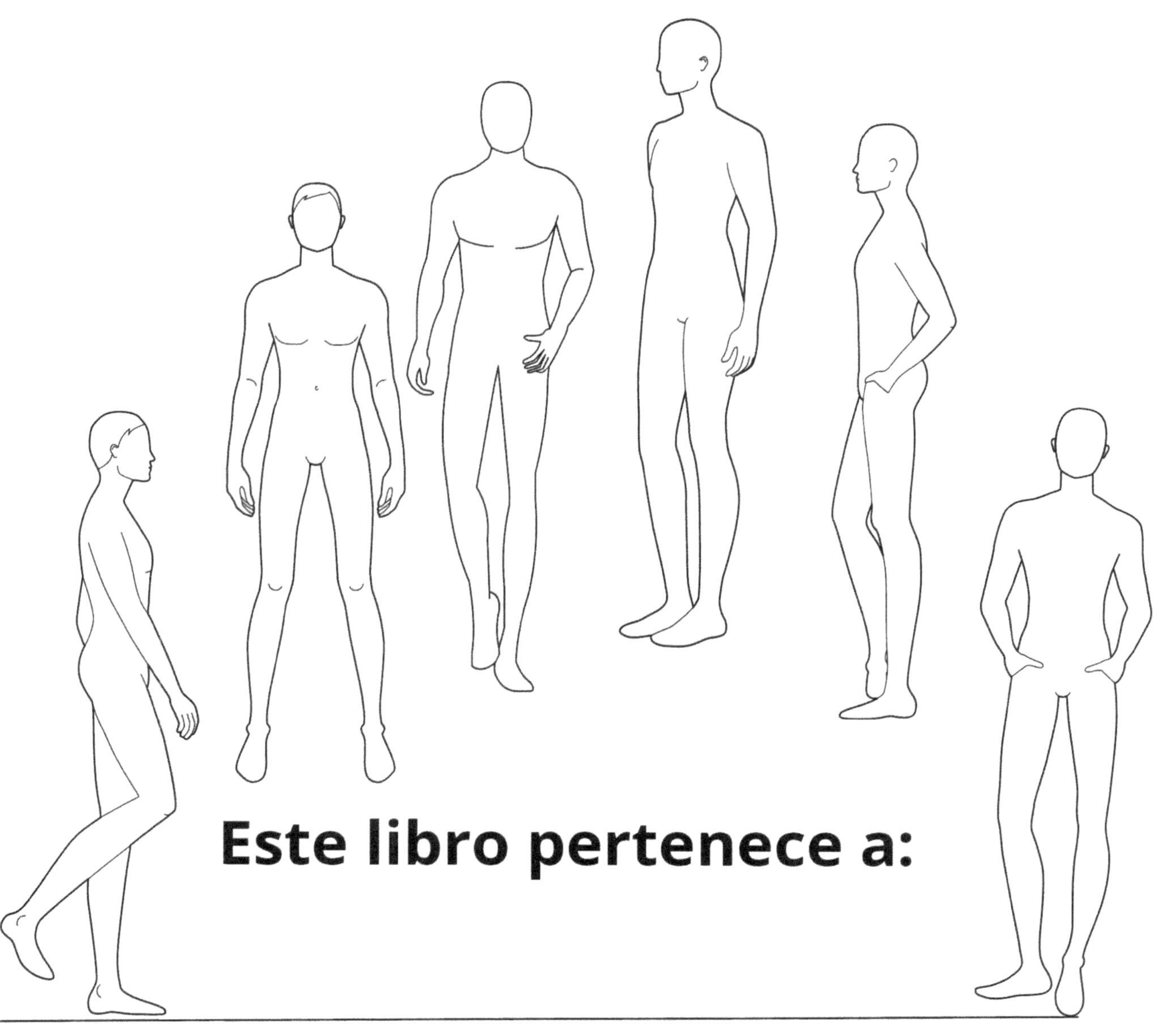

Este libro pertenece a:

____

____

(tu nombre)

Niky Jadesson

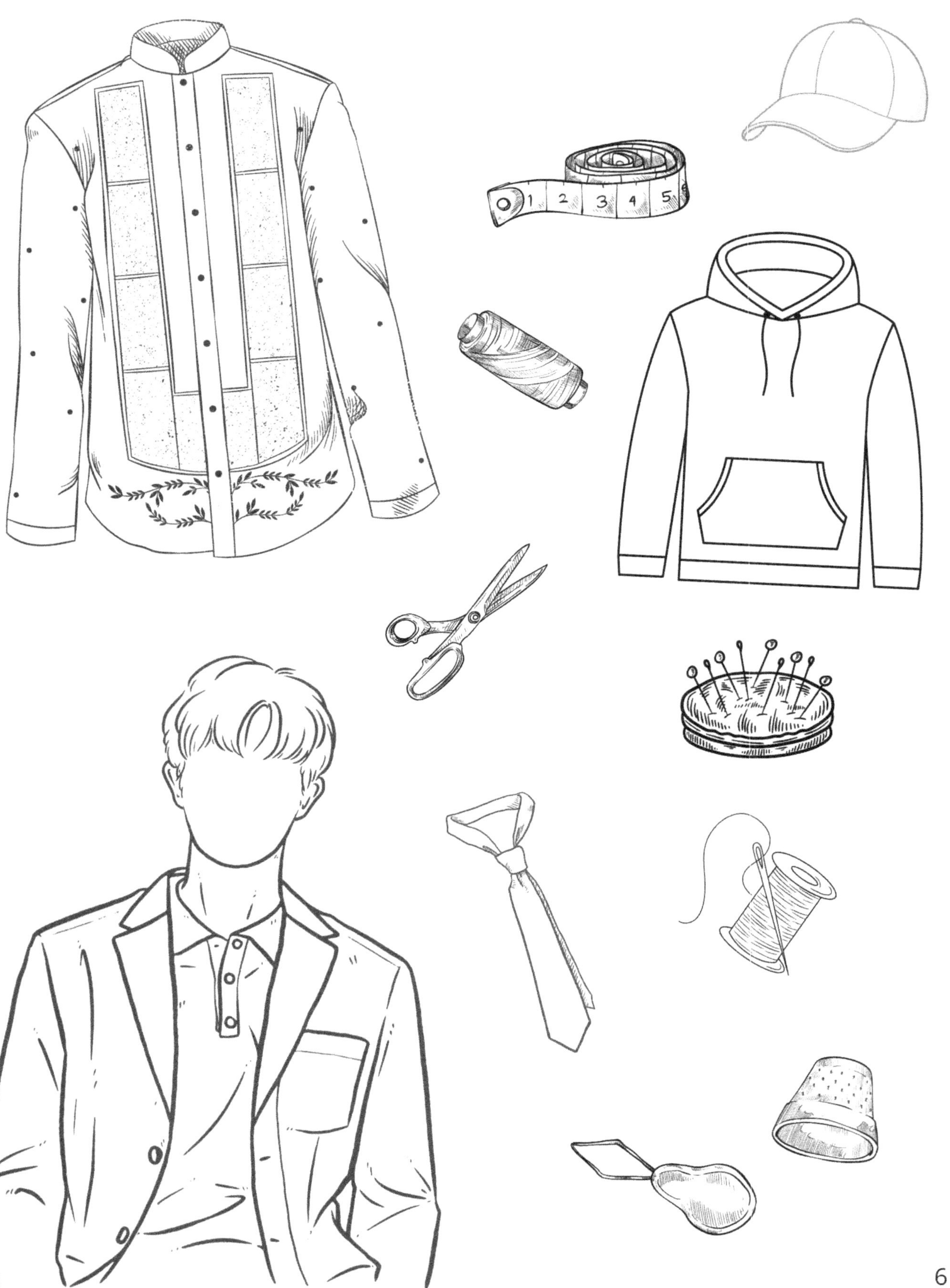

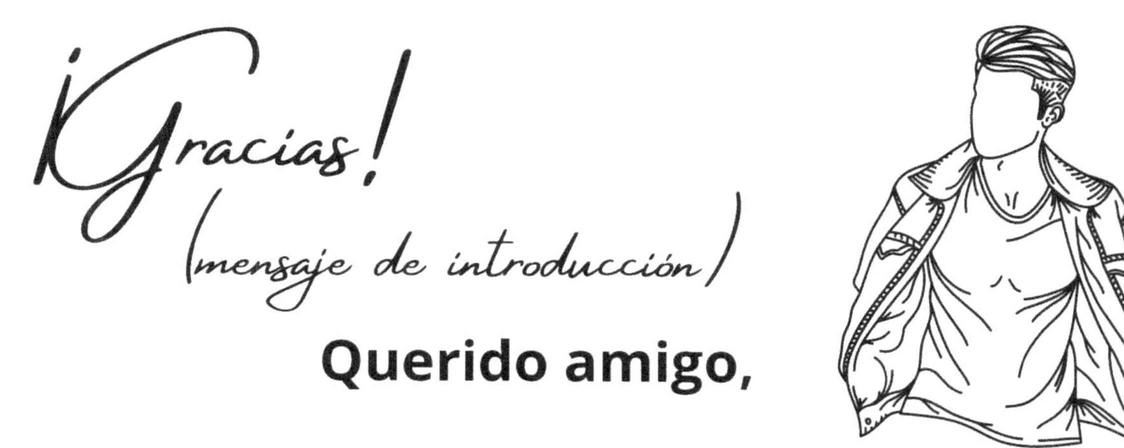

¡Gracias!

(mensaje de introducción)

Querido amigo,

¡Gracias por elegir este cuaderno de bocetos!

La moda es más que ropa: es un lenguaje de identidad, cultura y creatividad. Como todo diseñador, necesitas práctica, inspiración y las herramientas adecuadas para dar forma a tu visión.

Este libro fue creado como un espacio para explorar la moda masculina, experimentar con diseños y desarrollar tus habilidades paso a paso.

Si deseas mantenerte al día con futuros libros o compartir tus comentarios, puedes encontrar "**Niky Jadesson Books**" en línea.

Tu apoyo significa mucho. Si este cuaderno te inspira, dejar una breve reseña ayuda a otros a descubrirlo y apoya la publicación independiente.

Con gratitud,

Niky Jadesson

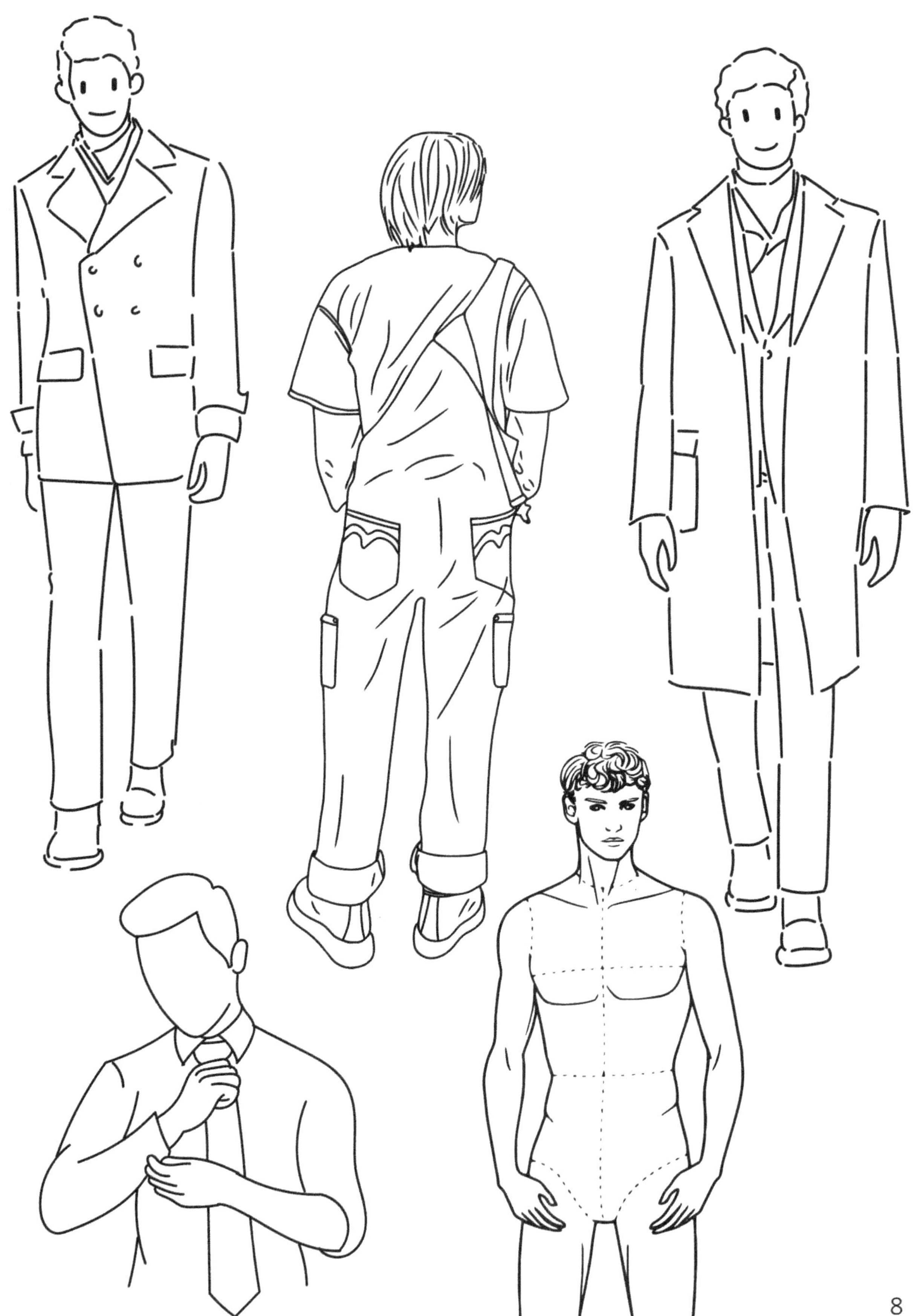

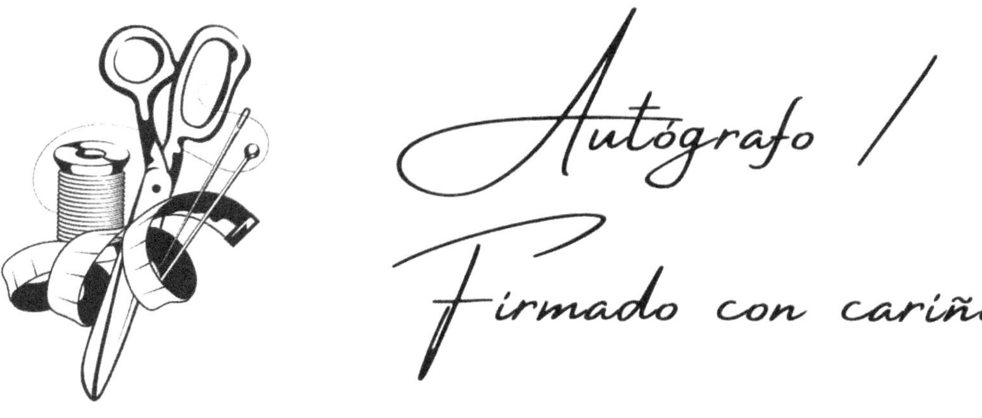

Querido ___________________________,

Este cuaderno de bocetos es para ti: para practicar, crear y celebrar tu visión de la moda masculina.

Que te recuerde que cada conjunto que diseñes es un paso hacia el dominio de tu arte.

Con todo mi respeto,

____

(Firma)

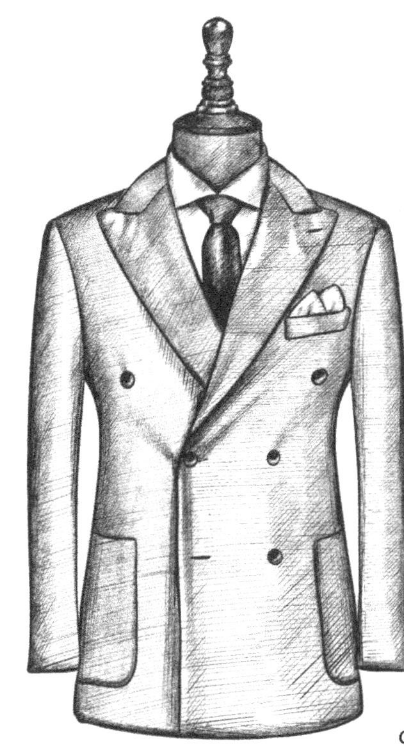

Fecha: ____________

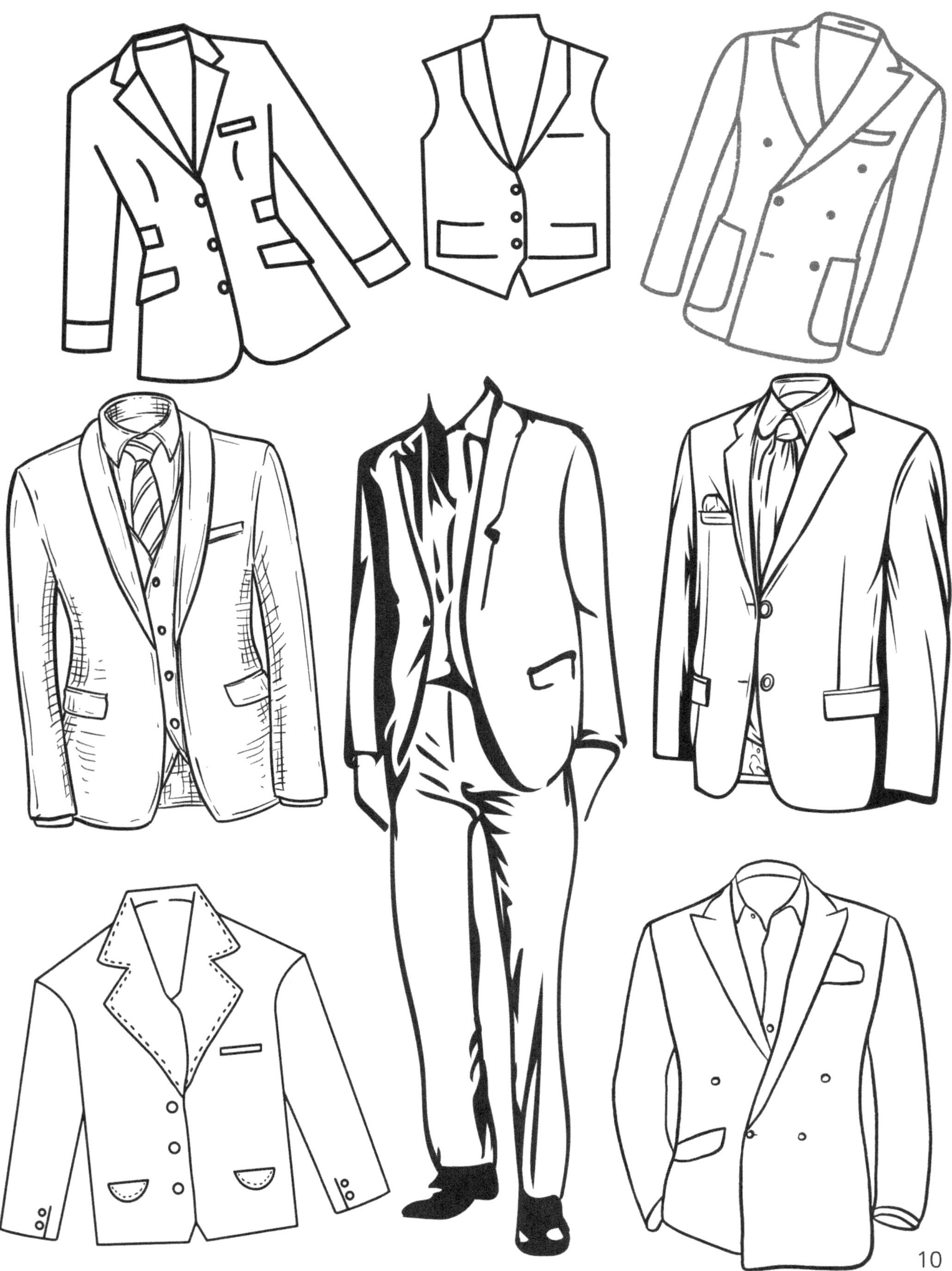

Índice

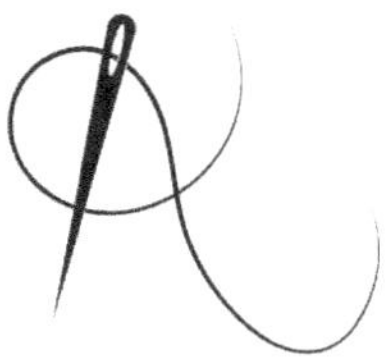

Parte I - Páginas Introductorias

Parte II - Educación y Fundamentos

Índice

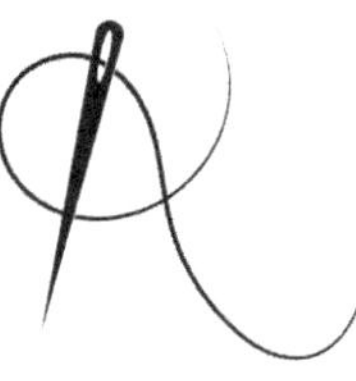

★ **Nota**: Las plantillas corporales - siluetas masculinas y las páginas de práctica se repiten intencionadamente en varios conjuntos para fomentar una práctica estructurada, el flujo creativo y la diversidad de diseño.

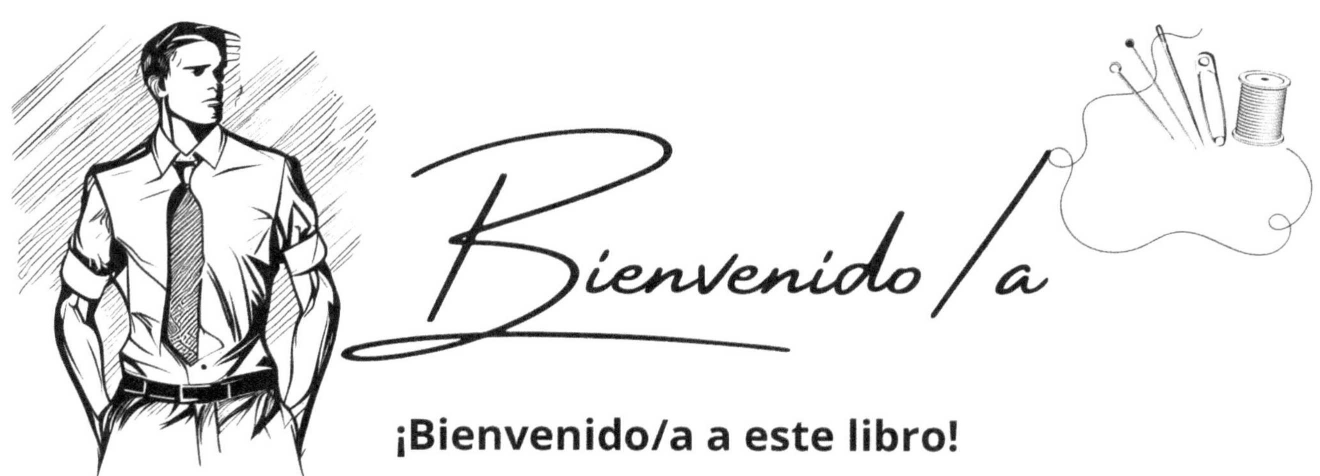

¡Bienvenido/a a este libro!

La moda masculina es un mundo de estructura, detalle e innovación. Desde los trajes a medida hasta el streetwear, cada diseño cuenta una historia.

Este cuaderno fue creado para ayudarte a practicar, explorar y perfeccionar tu creatividad en el diseño de moda masculina.

Tómate tu tiempo, prueba diferentes siluetas, tejidos y colores, y sobre todo, disfruta del proceso.

Tanto si estás comenzando como si ya tienes experiencia, este es tu espacio para experimentar y crecer como diseñador.

Nos honra acompañarte en este viaje.

¡Feliz diseño!

Niky Jadesson

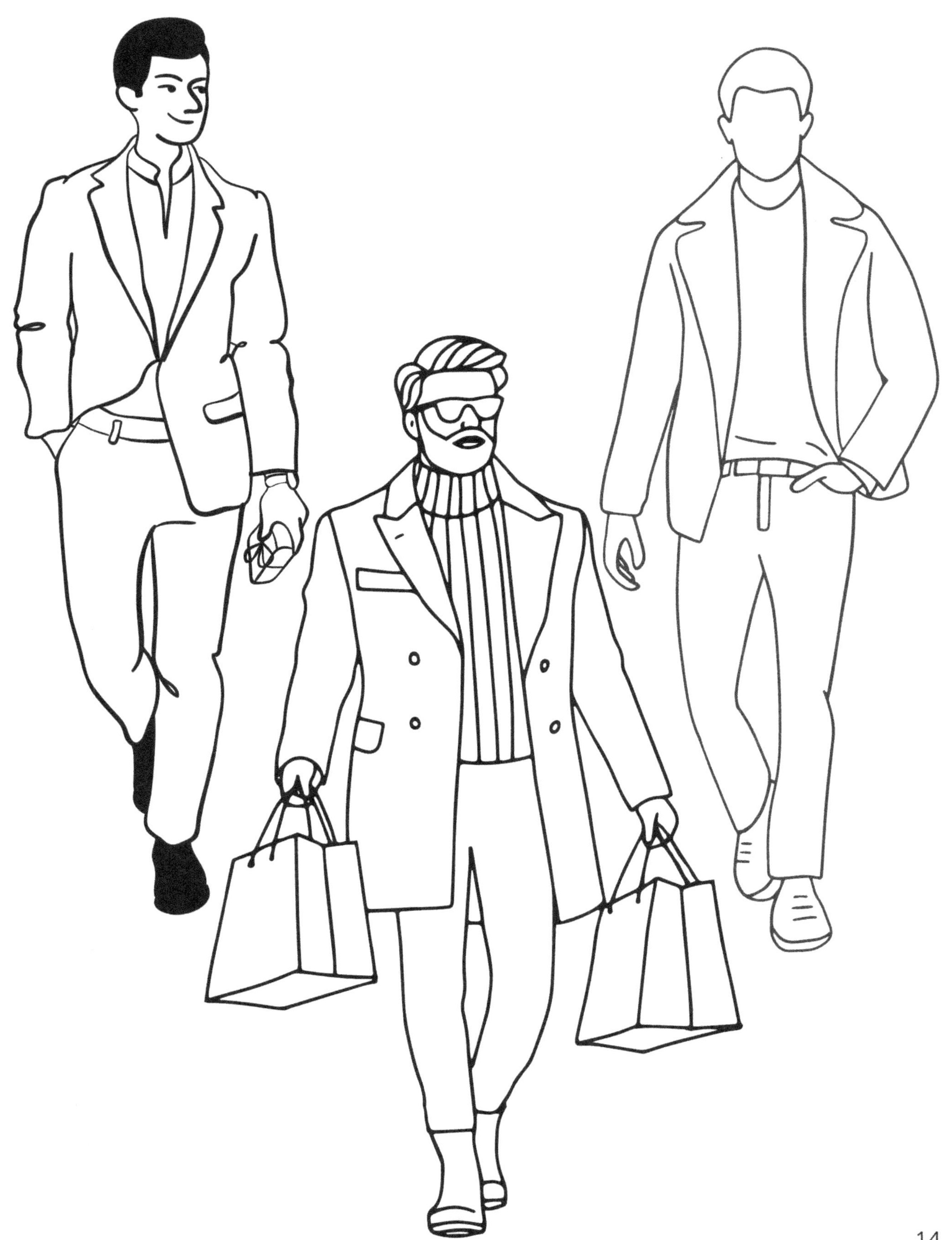

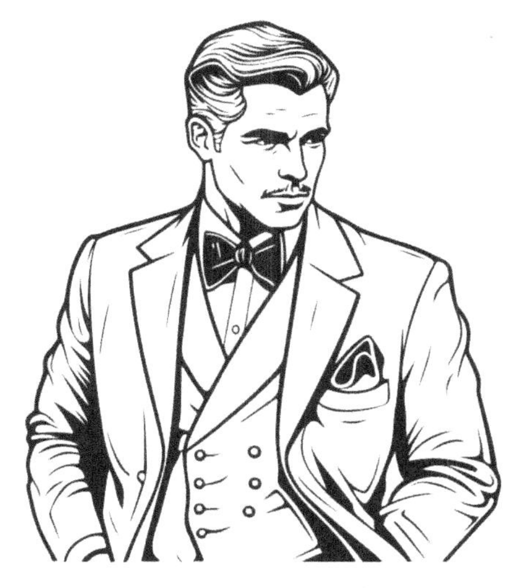

Prefacio de la autora

Querido lector,

Bienvenido a este viaje creativo por el mundo de la moda masculina. Este libro fue creado con un propósito: ofrecerte un espacio donde la inspiración se encuentre con la práctica y donde cada página despierte nuevas ideas.

En su interior encontrarás orientación -con fundamentos de moda y consejos profesionales- y libertad, mediante plantillas de figuras masculinas y páginas para bocetar ideas sin límites.

La moda masculina es diversa: desde el minimalismo hasta el streetwear más audaz, desde la sastrería precisa hasta el estilo deportivo relajado.

Espero que estas páginas te inspiren a dibujar, probar cosas nuevas y ver la ropa como una combinación entre función y arte.

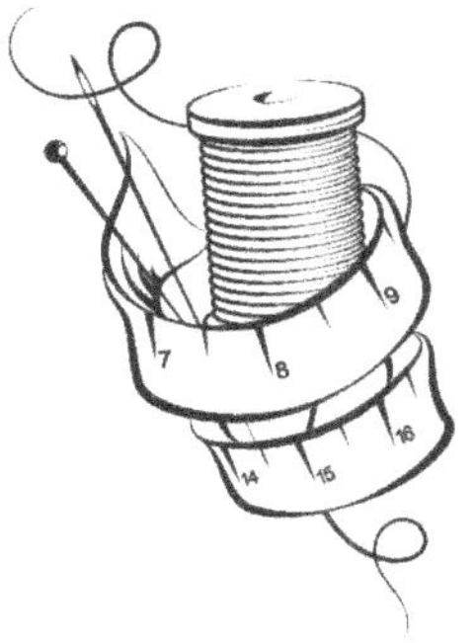

Con pasión y gratitud,

Niky Jadesson

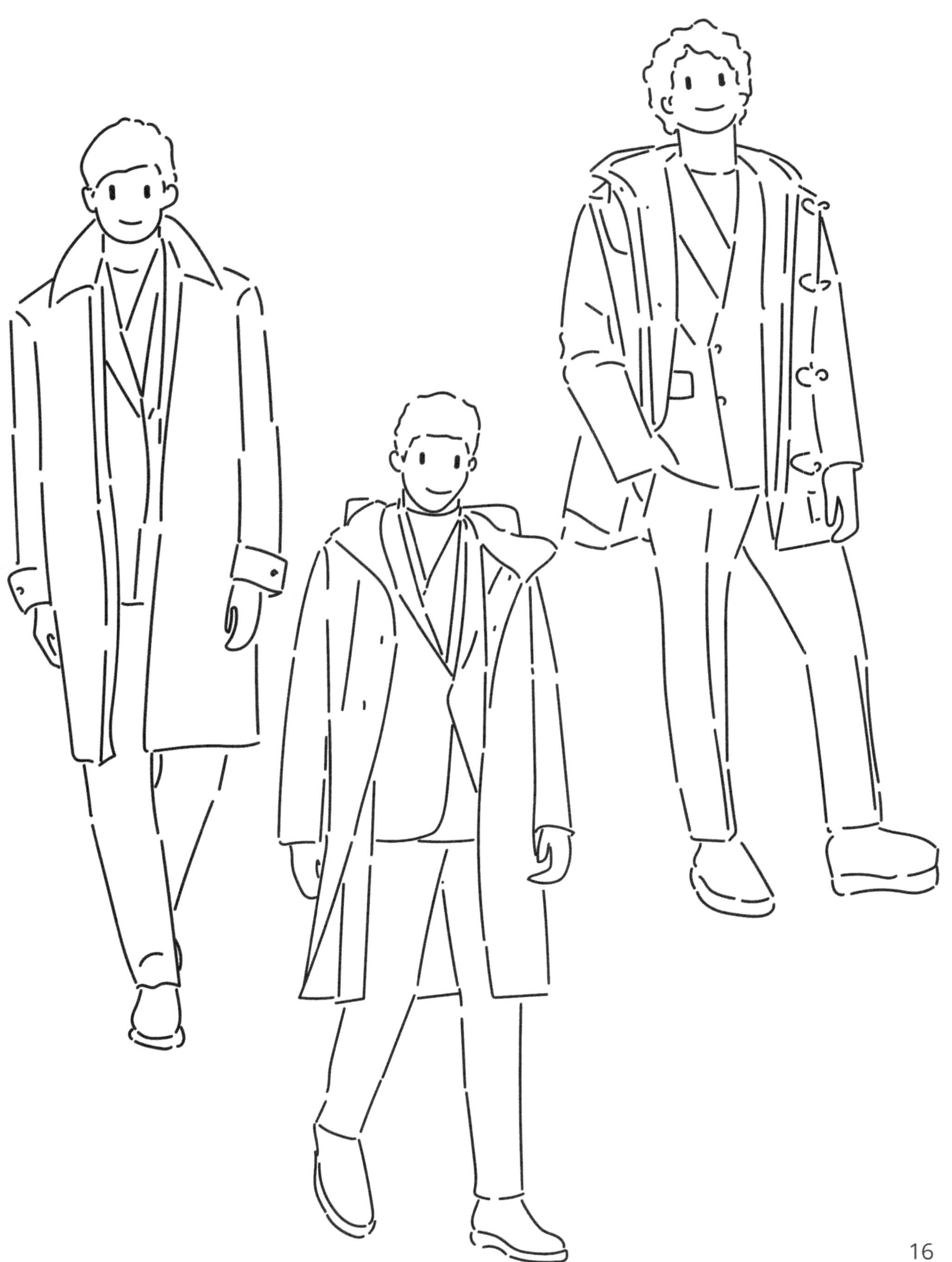

Cómo usar este cuaderno de diseño

Este cuaderno es tanto práctico como creativo. Te ofrece espacio para diseñar conjuntos, explorar estilos y reflexionar sobre tu progreso.

Cómo aprovecharlo al máximo:

- **Experimenta libremente** - Prueba looks casuales, formales o de streetwear. Este es tu espacio para crear.
- **Toma notas** - Anota tejidos, cortes y accesorios utilizados en cada diseño.
- **Usa las plantillas** - Las siluetas masculinas te ayudarán a visualizar la ropa sobre el cuerpo.
- **Compara y mejora** - Observa cómo evolucionan tus bocetos con el tiempo.
- **Repite y perfecciona** - No temas redibujar ni probar variaciones.

Tanto si estás empezando como si buscas perfeccionar tus habilidades, este cuaderno es tu estudio personal de diseño.

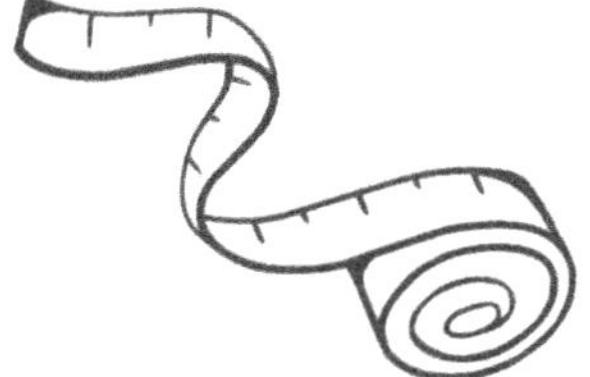

Mis objetivos e inspiraciones

La moda masculina se basa en el equilibrio: estructura y comodidad, tradición y modernidad.

Antes de empezar a dibujar, tómate un momento para definir qué tipo de diseñador quieres ser.

Preguntas para guiarte:

- ¿Qué tipo de moda masculina me inspira más? (streetwear, formal, deportiva, casual)
- ¿Qué historia quiero contar con mi ropa? (confianza, profesionalismo, rebeldía, libertad)
- ¿Quiénes son mis íconos de estilo? (diseñadores clásicos, músicos, deportistas, hombres comunes)

Espacio para notas:

- Mis metas de diseño: ____
- Mis inspiraciones de moda: ____________________________________
- Tejidos o cortes que quiero explorar: ____________________________
- Habilidades que deseo mejorar: _________________________________

Tus objetivos no tienen que ser finales - pueden evolucionar igual que la moda misma.

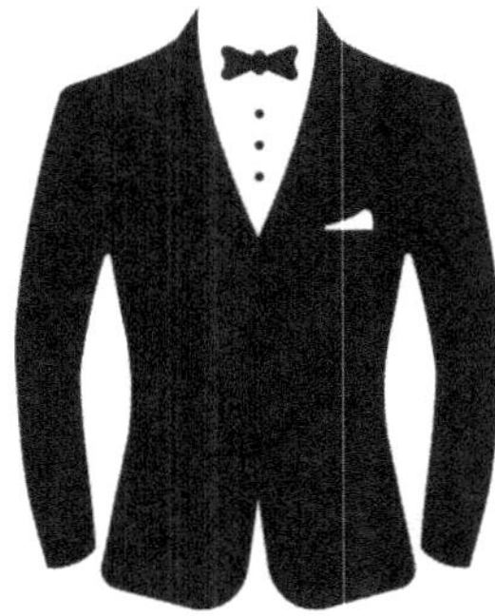

Herramientas y materiales
para el dibujo de moda

Para dibujar moda masculina, necesitarás algunas herramientas clave. Te ayudarán a transformar tus ideas en diseños claros y fuertes:

- **Lápices y gomas** - Traza líneas suaves antes de definir la prenda.
- **Rotuladores finos** - Perfectos para resaltar cuellos, puños y costuras.
- **Marcadores y sombreados** - Tonos neutros (negro, gris, azul) para trajes; colores intensos para streetwear.
- **Regla y curvas francesas** - Útiles para líneas rectas y estructuradas.
- **Tableta digital** - Ideal para dibujar, superponer y editar de forma precisa.
- **Muestras de tela** - Lana, denim, tweed, algodón: conocer la textura mejora tus bocetos.

Las herramientas adecuadas facilitan el proceso, pero la creatividad siempre viene de ti.

Consejos
para empezar

Algunos trucos para ganar confianza al comenzar a dibujar:

- **Domina lo básico** - Practica camisas, pantalones y chaquetas antes de diseños complejos.
- **Estudia la sastrería** - Observa cómo las costuras dan forma al traje y cómo los detalles añaden carácter.
- **Juega con proporciones** - Corte slim, relajado u oversize, ¡experimenta!
- **Añade accesorios** - Zapatos, corbatas, sombreros o bolsos transforman un conjunto.
- **Sé constante** - Dibuja un poco cada día; la práctica vale más que la perfección.

La moda masculina parece sencilla, pero su fuerza está en los detalles.

Una sola línea puede cambiar todo un diseño.

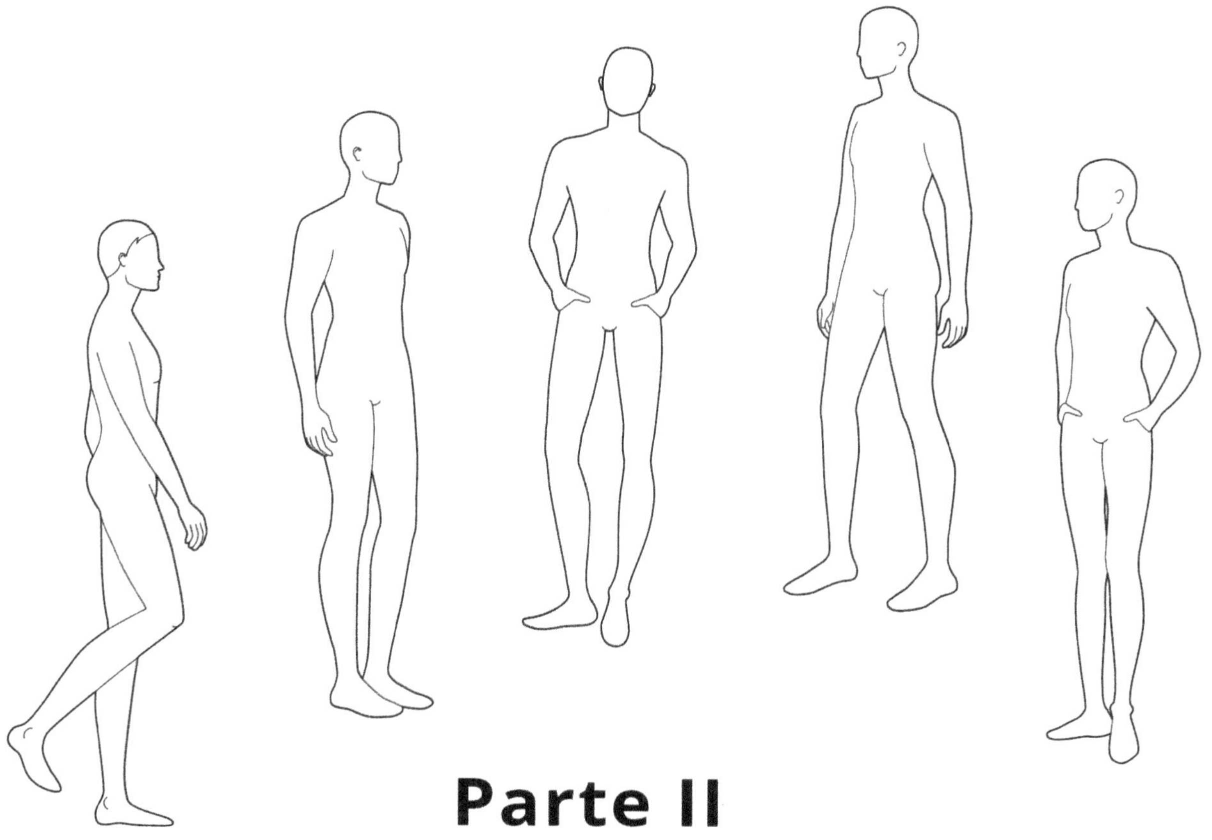

Parte II

- Educación y fundamentos

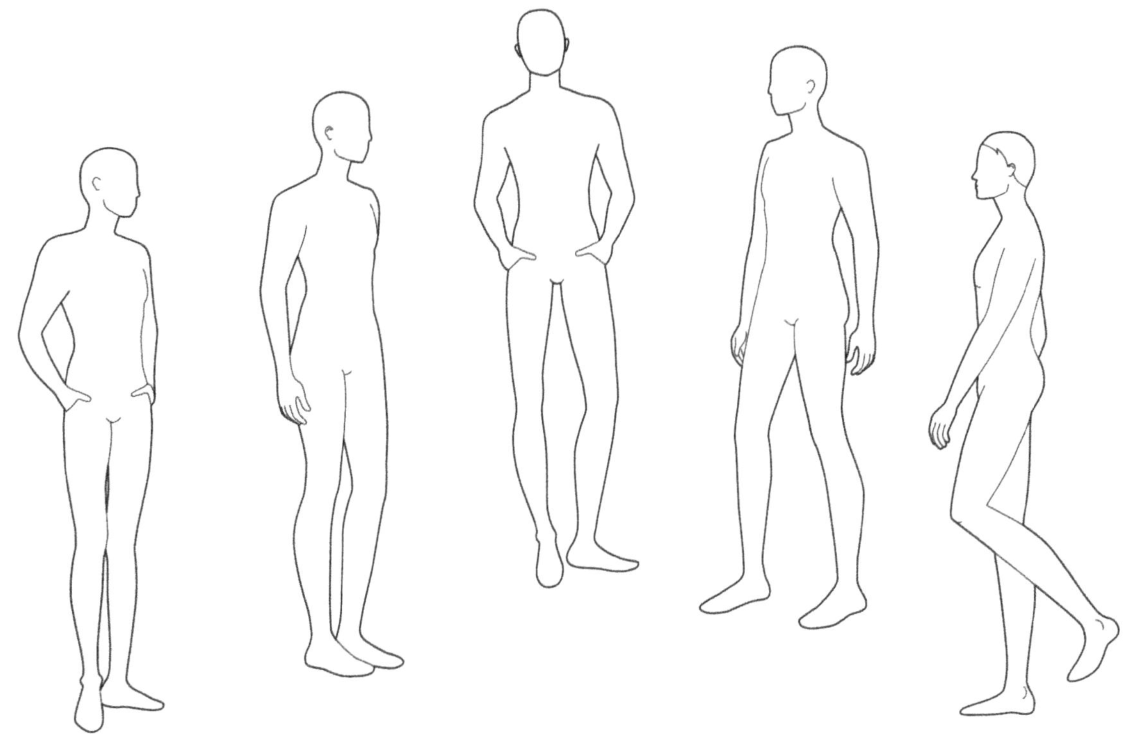

Breve Historia de la Moda Masculina
- *De las Eras Clásicas a los Estilos Modernos*

La moda masculina siempre ha estado moldeada por la función, la cultura y el estatus. Aunque la practicidad a menudo guiaba el diseño, la vestimenta también reflejaba poder, tradición y autoexpresión.

- **Civilizaciones Antiguas** - Los hombres vestían túnicas, túnicas largas y prendas drapeadas que permitían movilidad. Cinturones, sandalias y joyas mostraban riqueza o clase social.
- **Eras Medieval y Renacentista** - La ropa se volvió más estructurada. Los abrigos ajustados, las calzas y las capas enfatizaban la autoridad. El bordado y los tejidos ricos mostraban prestigio.
- **Siglos XVIII y XIX** - El traje surgió como símbolo de refinamiento. Los chalecos, corbatas de cuello y pantalones entallados se convirtieron en el estándar para los caballeros, mientras que la ropa de trabajo evolucionó por separado para el trabajo y el comercio.
- **Siglo XX** - Desde los trajes formales de tres piezas hasta las camisas informales y el denim, la moda masculina se diversificó. El siglo vio el auge del estilo deportivo, las influencias militares y la vestimenta empresarial.
- **Hoy** - La moda masculina abraza la libertad y la individualidad. Streetwear minimalista, trajes a medida, siluetas oversize y tejidos sostenibles conviven. La comodidad, la identidad y la versatilidad definen el guardarropa masculino moderno.

Cada era deja su huella. Mientras dibujas, piensa en cómo los diseños de hoy inspirarán el mañana.

Siluetas Masculinas a Través del Tiempo
- *Corte Recto, Ajustado, Relajado, Oversize*

Las siluetas en la moda masculina definen tanto la formalidad como el estilo de vida.

- **Corte Recto** - Clásico, equilibrado, ligeramente cuadrado. Una base atemporal para trajes y uniformes.
- **Corte Ajustado (Slim Fit)** - Hombros estrechos y líneas entalladas. Moderno, pulido y juvenil.
- **Corte Relajado** - Más suelto y cómodo, común en ropa casual.
- **Oversize** - Proporciones dramáticas con volumen exagerado, habitual en el streetwear y los estilos vanguardistas.

Las siluetas son un lenguaje silencioso. Los cortes ajustados se sienten elegantes, los oversize audaces, los relajados accesibles y las líneas rectas tradicionales.

Al dibujar, experimenta con las proporciones. Pequeños cambios en el ancho de los hombros o el corte del pantalón pueden transformar por completo un diseño.

Teoría del Color en la Moda Masculina
- *Combinaciones, Contrastes y Paletas Estacionales*

Los colores influyen en el estado de ánimo, el estilo y la personalidad.

- **Bases Neutras** - Tonos como negro, gris, azul marino, marrón y blanco dominan el vestuario masculino por ser versátiles y atemporales.
- **Colores de Acento** - Tonos intensos como rojo, verde o mostaza aportan individualidad sin sobrecargar el look.
- **Paletas Estacionales:**
  - *Primavera:* neutros claros con toques de color.
  - *Verano:* azules fríos, blancos y tonos frescos.
  - *Otoño*: marrones terrosos, verdes oliva y naranjas profundos.
  - *Invierno*: contrastes fuertes, como negro con blanco o tonos oscuros con acentos metálicos.
- **Psicología del Color** - Los tonos oscuros crean formalidad, los claros sugieren ligereza y los brillantes transmiten confianza.

Un solo acento -como una corbata colorida, un forro de chaqueta o unas zapatillas llamativas- puede transformar por completo un conjunto sencillo.

Tejidos y Texturas
en la Ropa Masculina
- Lana, Algodón, Denim, Cuero

El tejido determina la comodidad, la durabilidad y el estilo.

- **Lana** - Cálida, estructurada y perfecta para trajes, abrigos y prendas de punto.
- **Algodón** - Transpirable, versátil y ampliamente usado en camisas, pantalones y ropa casual.
- **Denim** - Resistente, práctico e icónico en la moda masculina. Un símbolo de fuerza informal.
- **Cuero** - Fuerte y duradero, común en chaquetas, calzado y accesorios.

La textura cuenta una historia tanto como la silueta. Los tejidos lisos se perciben formales, mientras que los rugosos transmiten un estilo más casual.

Prueba dibujar la misma chaqueta en lana y en cuero: verás cómo cambia instantáneamente
el carácter del diseño.

Herramientas para Dibujar Moda
- *Lápices, Marcadores, Opciones Digitales*

Tus herramientas ayudan a capturar la forma y la estructura masculina en los diseños.

- **Lápices de Grafito** - Ideales para contornos definidos, sombreado y líneas estructuradas.
- **Marcadores** - Añaden bloques de color intensos, perfectos para paletas masculinas audaces.
- **Lápices de Colores** - Permiten crear tonos sutiles y efectos de tejido.
- **Tinta y Plumas** - Crean contornos nítidos y precisos.
- **Herramientas Digitales** - Las tabletas permiten experimentar rápidamente con proporciones y texturas.

La mejor herramienta es la que usarás con constancia. Empieza simple y evoluciona con la práctica.

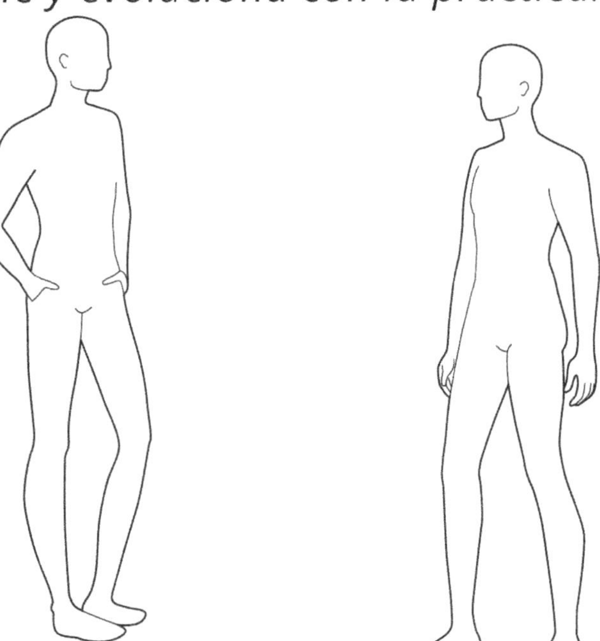

Paso a Paso:

Conjunto Casual Diario (Camiseta, Camisa, Jeans)

La ropa casual se trata de comodidad, facilidad y personalidad.

1. **Comienza con la silueta** - Corte recto o relajado para mayor confort.
2. **Dibuja las bases** - Una camiseta, una camisa abierta o unos jeans.
3. **Agrega detalles funcionales** - Bolsillos, costuras, cremalleras o mangas dobladas.
4. **Paleta de colores** - Tonos neutros con acentos sutiles (gris, blanco, azul claro, oliva).
5. **Efectos de textura** - Muestra la rudeza del denim, la suavidad del algodón o las capas superpuestas.

Los diseños casuales deben parecer sin esfuerzo, algo que se sienta natural de llevar todos los días.

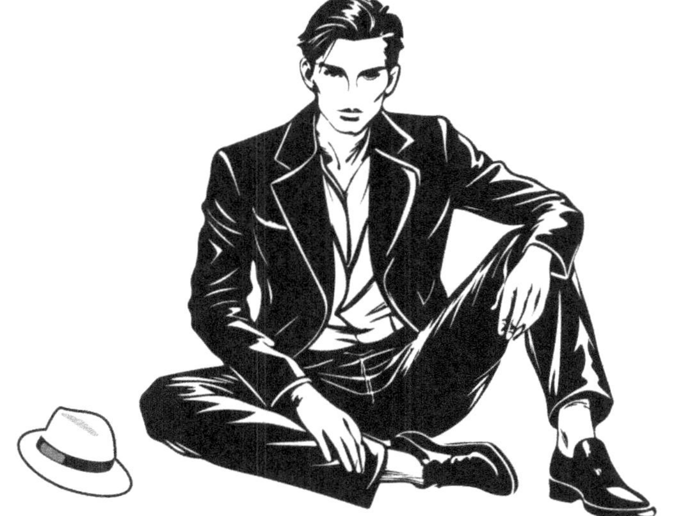

Paso a Paso: Look de Noche
(Traje, Chaqueta, Ropa Formal)

La vestimenta de noche para hombres combina sofisticación y personalidad.

1. **Silueta** - Elige corte ajustado o recto según el estilo.
2. **Detalles de la chaqueta** - Solapas, botones, aberturas y longitud definen el carácter.
3. **Pantalones** - Deben coincidir en tejido con la chaqueta, pero con un corte cómodo.
4. **Camisa y accesorios** - Cuellos, corbatas, gemelos, cinturones o zapatos completan el look.
5. **Colores y tejidos** - Tonos oscuros como azul marino o gris carbón para elegancia; tonos claros para un toque moderno.

Un look formal debe inspirar confianza sin perder la esencia del portador.

Errores Comunes de Diseño en la Moda Masculina
(y Cómo Evitarlos)

Los errores ocurren, pero la consciencia ayuda a prevenirlos.

- **Proporciones incorrectas** - Hombros demasiado anchos o pantalones largos rompen el equilibrio.
- **Exceso de detalles** - Demasiadas cremalleras, costuras o capas pueden sobrecargar el diseño.
- **Choques de color** - Combinaciones demasiado ruidosas pueden parecer poco refinadas.
- **Ignorar la funcionalidad del tejido** - Usar telas pesadas en verano o ligeras en abrigos no funciona.
- **Pensar en talla única** - Los cuerpos masculinos varían mucho; los diseños deben adaptarse.

Los diseños más fuertes equilibran estilo, función y ajuste.

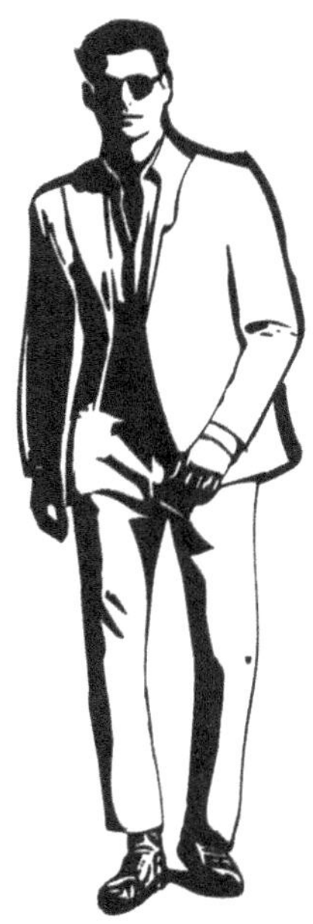

Consejos y Trucos para Diseñadores de Moda Masculina

- Usa las capas para añadir profundidad y versatilidad.
- Enfócate en el ajuste: incluso una camisa simple puede destacar si está bien cortada.
- Las paletas neutras se vuelven interesantes con texturas: prueba combinar lana con algodón o denim.
- Dibuja también los accesorios: cinturones, sombreros, zapatos y bolsos completan el conjunto.
- Practica dibujar diferentes grupos de edad y tipos de cuerpo para ganar versatilidad.

La moda masculina prospera en la sutileza: pequeños cambios en la línea, el tejido o el corte pueden generar un gran impacto.

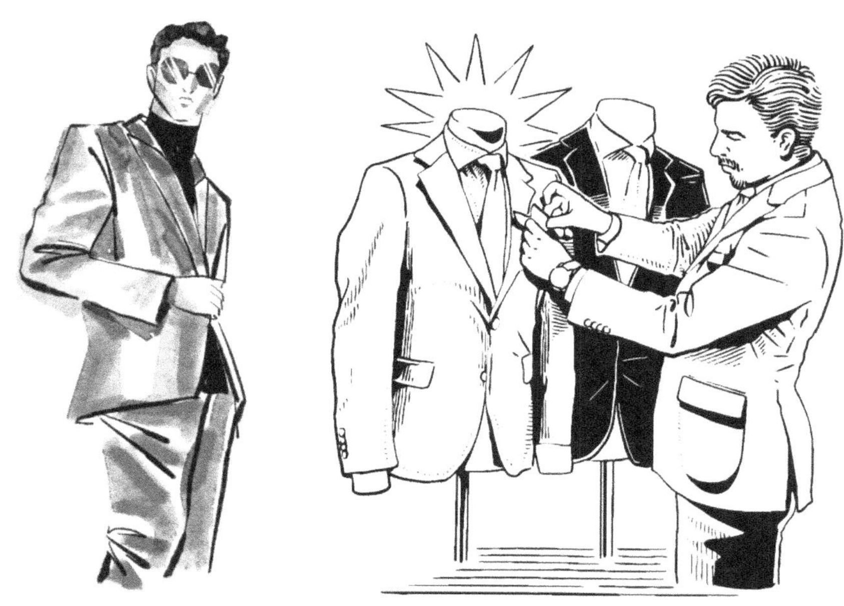

Guía paso a paso
para este cuaderno

Este cuaderno es tu campo de entrenamiento para el diseño de moda masculina.

- **Practica siluetas** - Usa las plantillas para probar proporciones y ajustes.
- **Experimenta con tejidos** - Usa sombras o color para representar lana, algodón, denim o cuero.
- **Juega con el color** - Combina bases neutras con acentos inesperados.
- **Piensa en colecciones** - Diseña conjuntos casuales, formales o streetwear que compartan un mismo tema.
- **Escribe notas y reflexiones** - Anota qué te inspiró, qué funcionó y qué mejorarías.

Al llegar a la última página, tendrás una colección personal de diseños masculinos que reflejan tu evolución creativa.

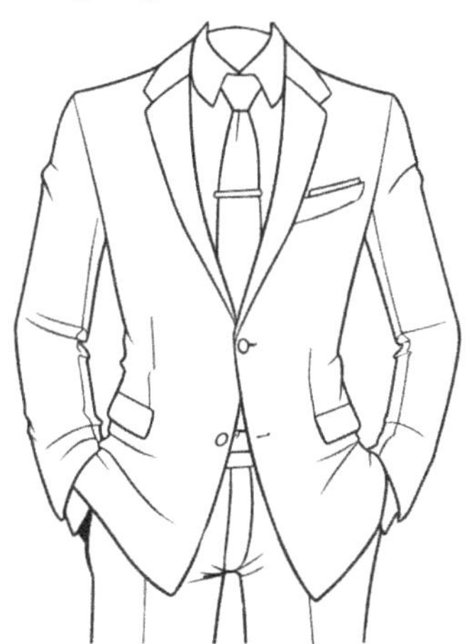

Fundamentos del dibujo de moda:
paso a paso

El dibujo de moda masculina se centra en la estructura, el equilibrio y la proporción. Aunque las siluetas suelen ser más rectas que las femeninas, hay espacio para la experimentación creativa.

Paso 1: Construye la silueta base

- Traza líneas guía para hombros, pecho, cintura, caderas y piernas.
- Las proporciones masculinas suelen tener hombros más anchos y un torso más recto.

Paso 2: Dibuja el conjunto principal

- Usa formas geométricas para representar prendas básicas: rectángulos para camisas, líneas cónicas para pantalones, bloques estructurados para chaquetas.
- Mantén el dibujo limpio antes de añadir detalles.

Paso 3: Añade los detalles de la prenda

- Incluye cuellos, puños, botones, cremalleras, costuras o bolsillos.
- Estos elementos determinan si el diseño es casual, formal o deportivo.

Paso 4: Sugiere tejidos y texturas

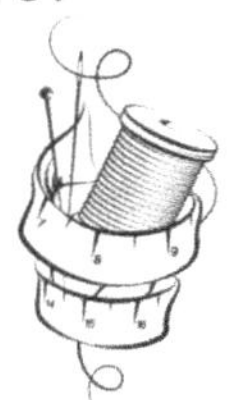

- Líneas rectas y uniformes → denim o algodón.
- Sombreado intenso → lana o cuero.
- Rayado cruzado → tweed o tejidos estructurados.

Paso 5: Aplica color y tono

- La moda masculina suele usar paletas neutras o monocromáticas, pero atrévete a probar colores vivos.
- Usa sombras para mostrar pliegues y capas.

Paso 6: Finaliza el boceto

- Refuerza los contornos y ajusta proporciones.
- Añade notas laterales: tipo de tejido, estación, inspiración de estilo.

El dibujo de moda masculina recompensa la precisión, pero no dejes que te limite. Usa estos pasos como una guía flexible.

Mini ejercicio:

Dibuja una camisa con pantalón dos veces:

- versión casual (camisa de algodón + zapatillas),
- versión formal (camisa estructurada + zapatos de cuero).

Compara cómo cambian la postura y el estado de ánimo.

LOOK CASUAL FÁCIL Y RÁPIDO

La moda diaria masculina combina funcionalidad y estilo. Este ejercicio te ayudará a crear un look simple, natural y con presencia.

5 pasos para diseñar un look casual masculino:

1. Dibuja una silueta relajada, con hombros ligeramente anchos.
2. Añade una camiseta o camisa informal.
3. Combínala con chinos o pantalones vaqueros.
4. Completa con calzado diario: zapatillas, mocasines o botas casuales.
5. Agrega accesorios sutiles: reloj, mochila o cinturón.

Notas de estilo:

- Los tonos neutros (gris, azul marino, blanco, negro) dominan el estilo cotidiano.
- Pequeños gestos, como remangar las mangas o superponer una chaqueta ligera, aportan personalidad.
- Los tejidos como el algodón, el denim y el jersey son cómodos y versátiles.

¿Por qué practicar este look?

Los outfits casuales son ideales para practicar proporciones y equilibrio. También te ayudan a dominar el movimiento, las capas y los detalles sutiles.

Reflexión:

- ¿Cómo cambia el look si cambias los chinos por unos jeans rasgados?
- ¿Qué sensación transmite cada versión?

Dibuja tu conjunto favorito de diario y prueba cómo pequeños cambios transforman un look simple en uno con estilo.

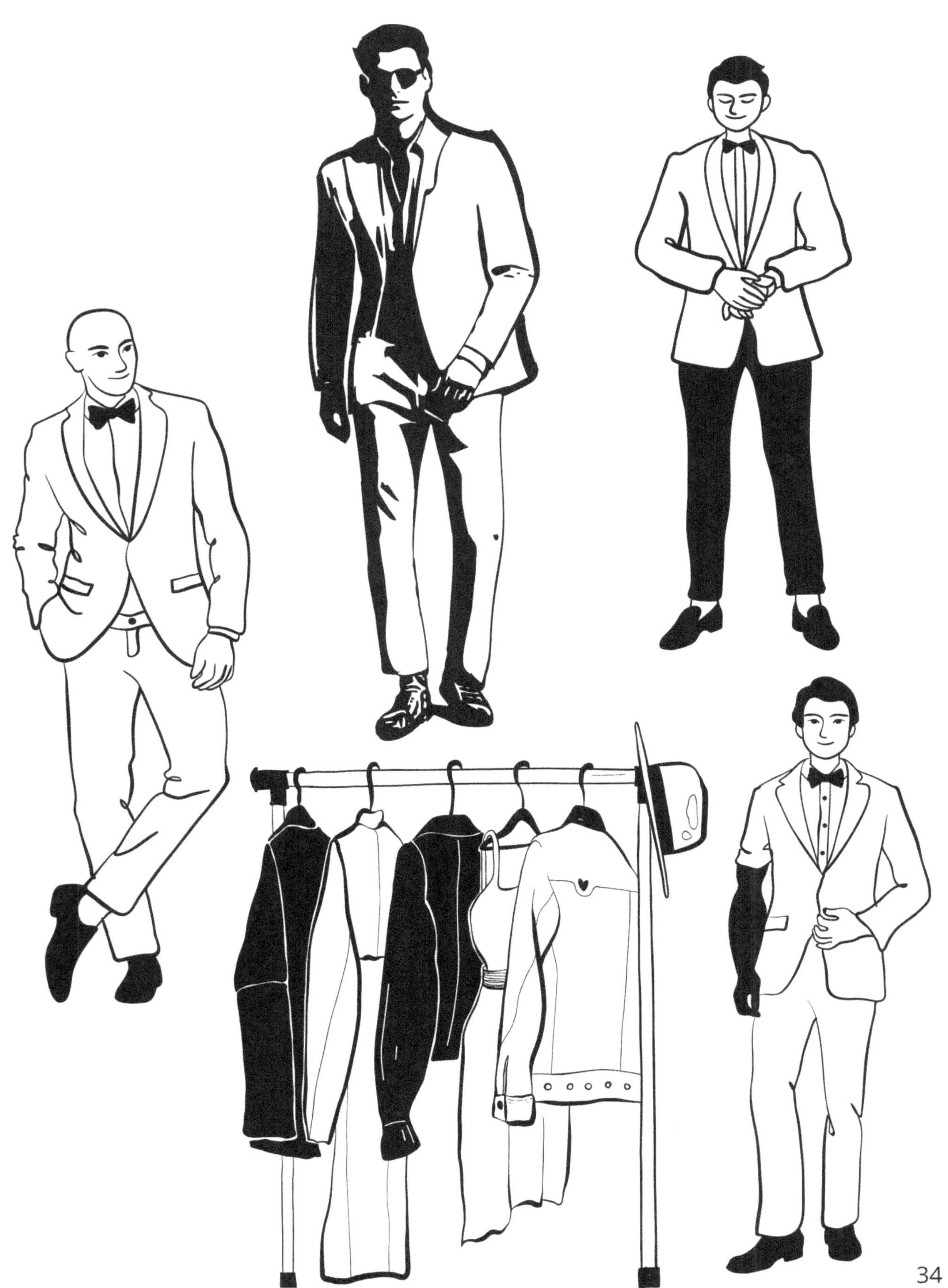

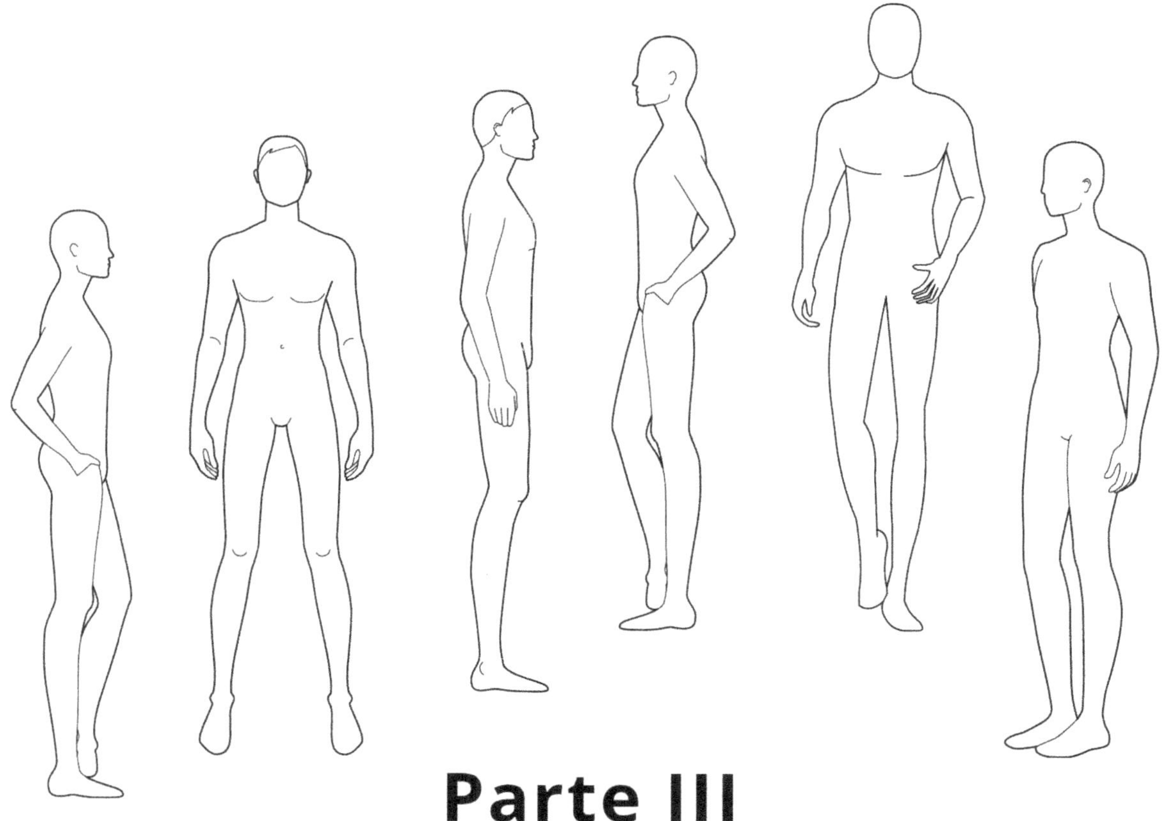

Parte III
- *Cuaderno de práctica y bocetos*

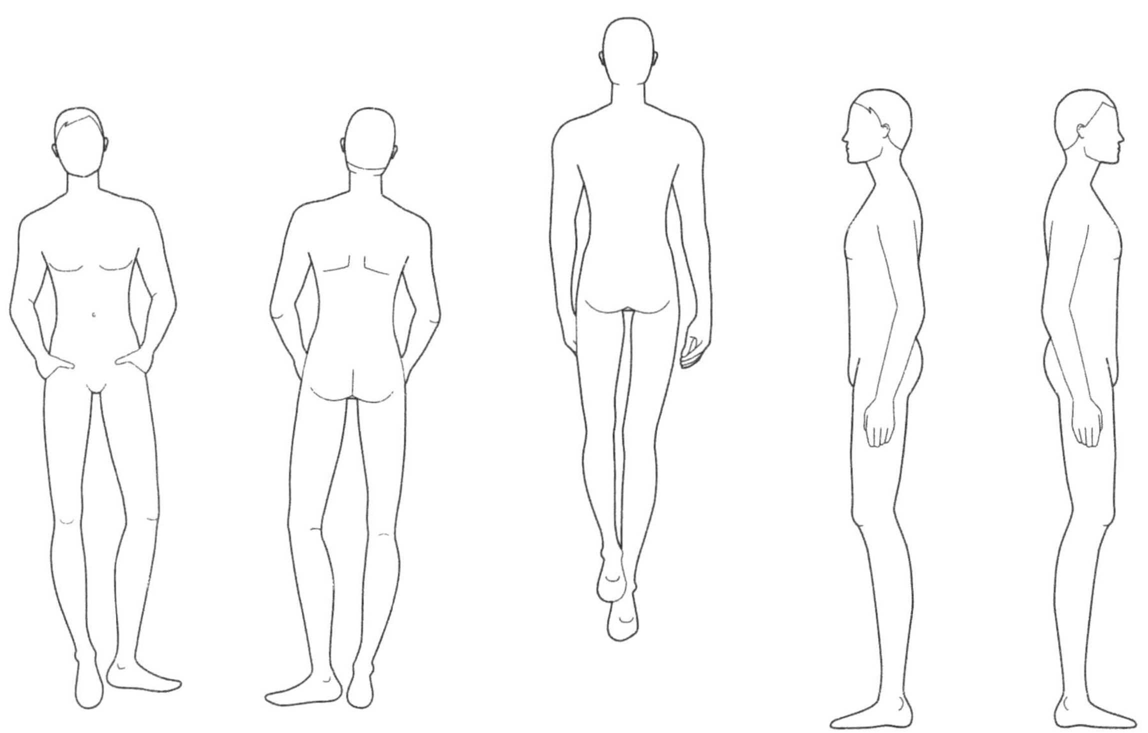

Guía de práctica y notas de moda

La moda masculina se nutre de los detalles y la estructura. Usa esta página para experimentar con proporciones, cortes y superposiciones. No busques la perfección: cada intento mejora tu ojo y tu técnica.

Cómo usar esta página:
- Prueba un corte de chaqueta o pantalón poco habitual.
- Añade capas para ver cómo interactúan camisas, blazers y abrigos.
- Escribe notas sobre textura y movimiento.

Reflexión y notas:

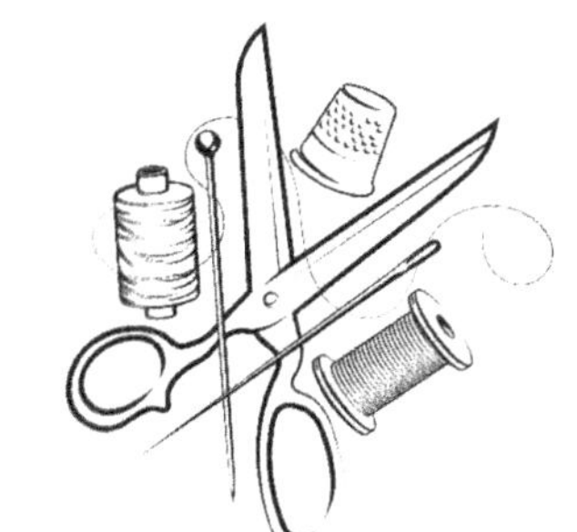

- ¿Qué proporción funcionó mejor?
- ¿El conjunto se ve equilibrado?
- ¿Qué ajustarías la próxima vez?

Consejo profesional: La precisión en los detalles define la gran moda masculina.

Inspiración de Conjunto: Estilo Urbano (Streetwear)

Streetwear clásico

El streetwear clásico gira en torno a prendas atemporales que siempre se ven bien. Imagina unos vaqueros rectos azul medio combinados con una camiseta blanca limpia: simple pero intencionado.

Superpón una bomber o una chaqueta varsity para un toque urbano instantáneo. Completa el look con zapatillas de perfil bajo en tonos neutros.

Los accesorios son mínimos -quizá una gorra o un reloj sencillo- porque la fuerza del estilo está en su versatilidad. Funciona para un día relajado, una salida social o incluso una versión más pulida para la noche.

Este look demuestra que no hace falta complicar la moda: con básicos bien ajustados y de buena calidad, el resultado es siempre moderno.

Consejo profesional: Usa tonos neutros como base (negro, blanco, gris, azul marino) y añade un solo acento de color -una chaqueta roja, una camiseta gráfica o unas zapatillas llamativas- para destacar sin exagerar.

Tendencias

Inspiración

Textiles

Notas

Detalles

Muestras

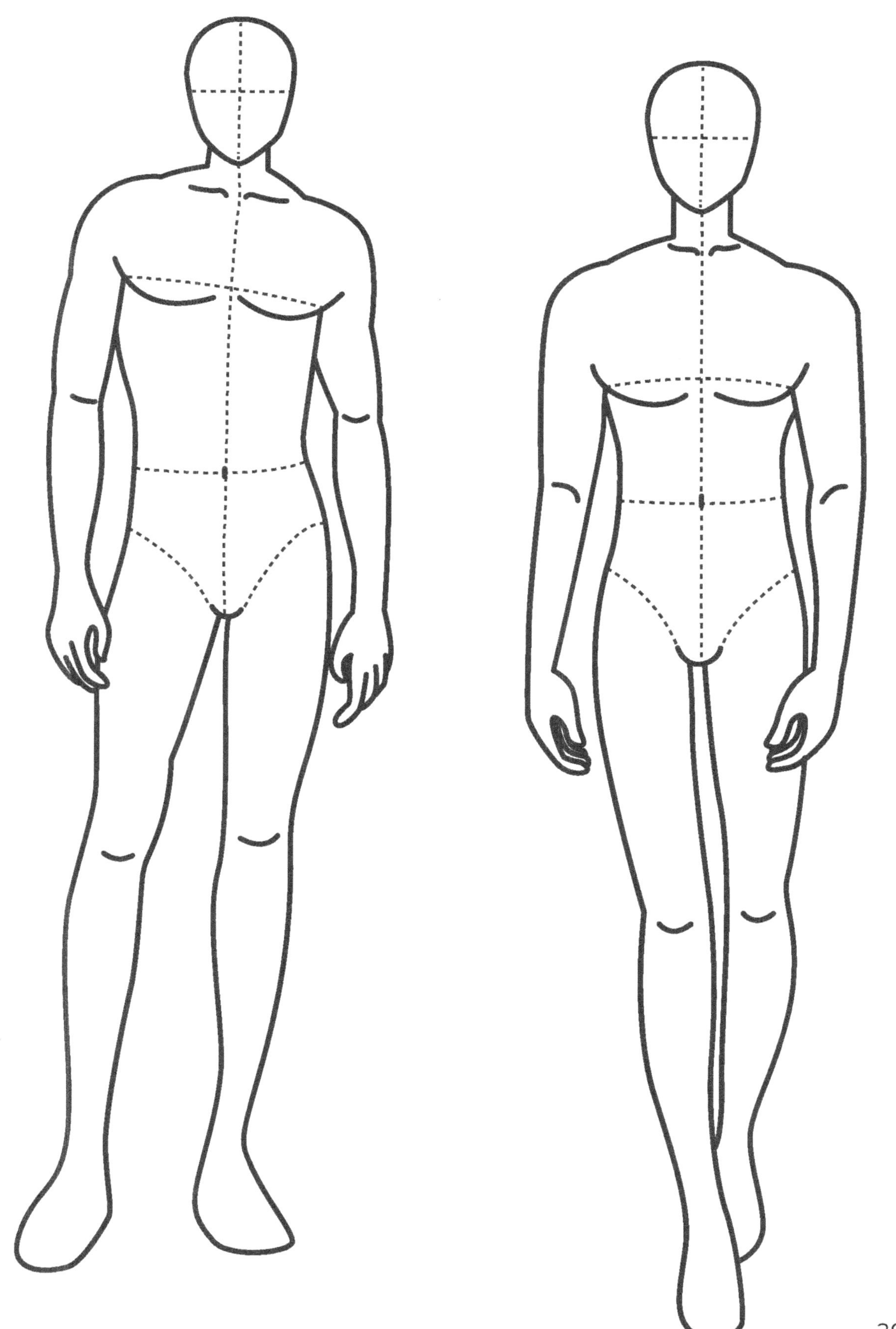

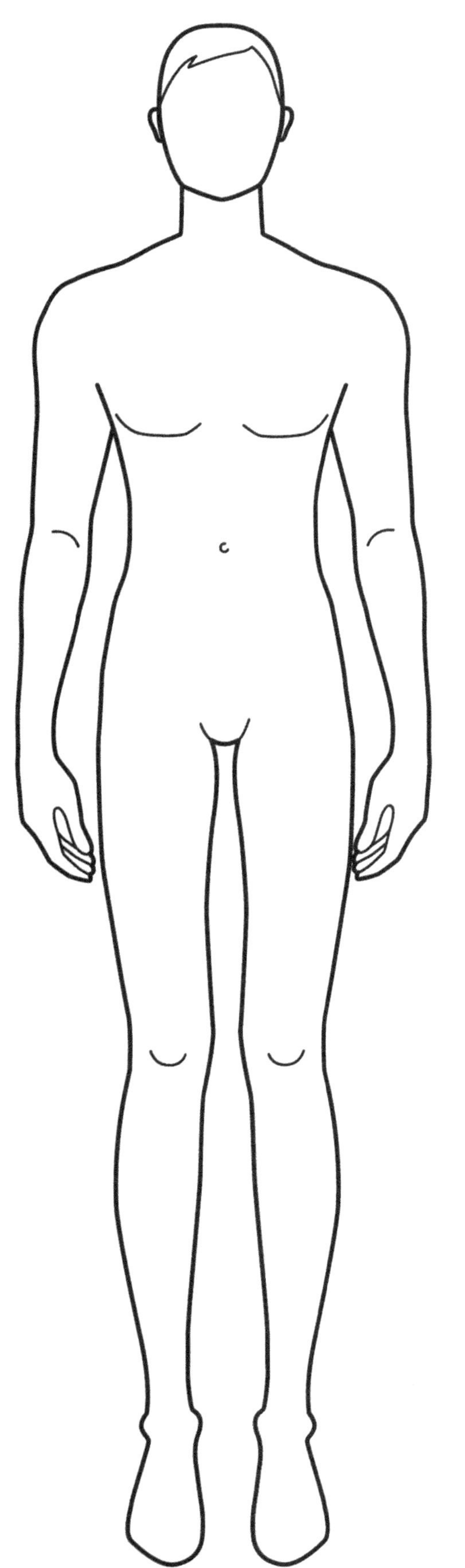

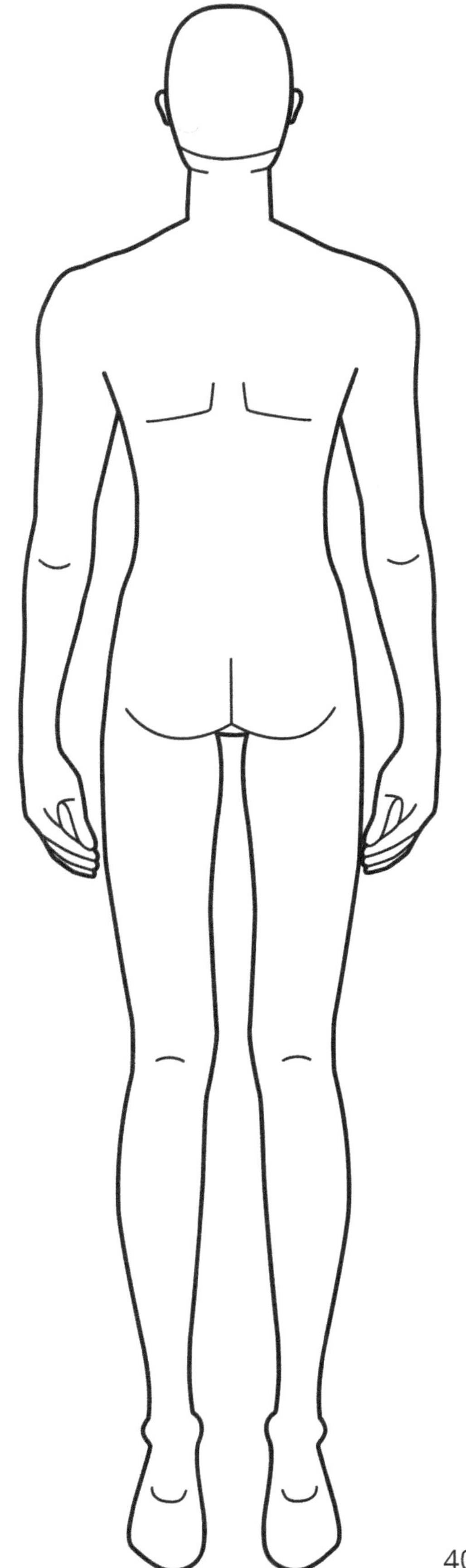

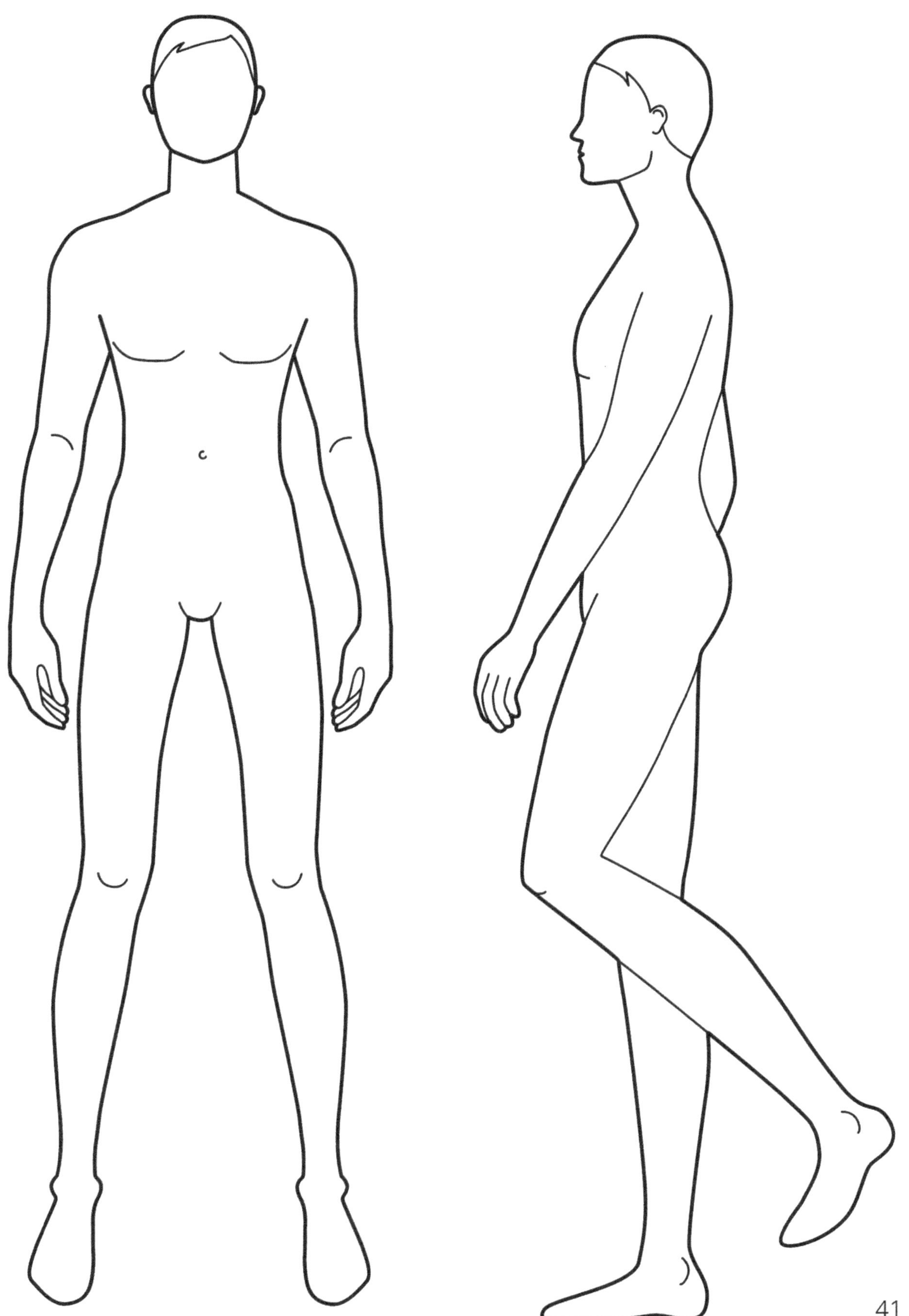

Tus notas y fotos de inspiración

Esta página es tu tablero personal de inspiración. Úsala para documentar tus experimentos de estilo, guardar ideas y seguir tu evolución como diseñador.

- Pega recortes de revistas, muestras de tela o bocetos de outfits.
- Escribe lo que funcionó, lo que mejorarías y cómo imaginas la prenda terminada.
- Observa los patrones o formas que se repiten en tu estilo.

Consejo profesional*: Las mejores colecciones nacen de ideas pequeñas. Guarda todo lo que te inspire: puede convertirse en el inicio de tu próximo gran diseño.*

Inspiración de Conjunto: Office Chic y Glam de Pasarela

Traje clásico de negocios + esmoquin de alfombra roja

Inspiración Office Chic

El traje clásico es la base del estilo de oficina masculino. Un traje azul marino o gris carbón, combinado con camisa blanca y corbata sencilla, transmite autoridad y elegancia. Zapatos Oxford pulidos y un maletín de cuero completan la imagen profesional. Detalles sutiles como los gemelos o el pañuelo de bolsillo aportan distinción.

Inspiración Runway Glam

Nada dice "alfombra roja" como un esmoquin perfectamente cortado. El negro sigue siendo un clásico, pero los tonos joya o el terciopelo aportan dramatismo. Combina con zapatos de charol y pajarita. Los cortes slim aportan modernidad, mientras que los modelos cruzados evocan elegancia atemporal.

Guía de práctica y notas de moda

Los bocetos rápidos mantienen las ideas vivas. No dudes: captura la primera imagen que venga a tu mente, aunque sea imperfecta. A menudo, la espontaneidad genera originalidad.

Cómo usar esta página:
- Realiza un boceto de calentamiento de 5 minutos.
- Concéntrate en una sola prenda: camisa, pantalón o zapato.
- Anota el tipo de tejido y detalles de estilo.

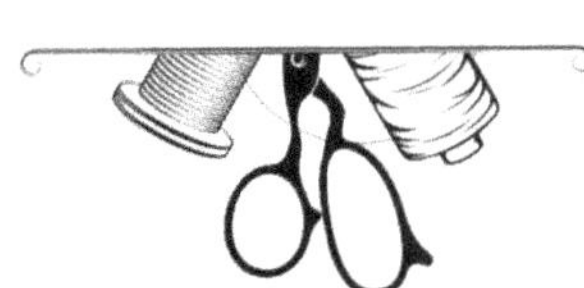

Reflexión y notas:
- ¿El dibujo rápido te ayudó a simplificar?
- ¿Qué elemento destaca más?
- ¿Qué mejorarías en el próximo intento?

Consejo profesional: *Dibujar con rapidez mejora la claridad y agudiza tu instinto de diseñador.*

Inspiración de Conjunto:
Estilo Urbano (Streetwear)

Streetwear deportivo

El streetwear deportivo combina lo atlético con lo urbano. Piensa en joggers con puños, zapatillas modernas, hoodies oversize y gorras. Este estilo se inspira en la pista y el gimnasio, pero se adapta a la vida diaria.

La clave está en las capas: una bomber sobre una sudadera o una chaqueta con franjas laterales crea dinamismo. Su fuerza radica en el movimiento y la comodidad -es un look práctico y con actitud.

Los colores suelen recordar los uniformes deportivos: negros, blancos, rojos y combinaciones en bloques. Es un estilo lleno de energía, ideal para quienes buscan moda funcional y expresiva.

Consejo profesional:
Combina el color de tus zapatillas con algún detalle del outfit -una franja, una sudadera o incluso una gorra- para lograr coherencia visual sin esfuerzo.

Tendencias

Inspiración

Textiles

Notas

Detalles

Muestras

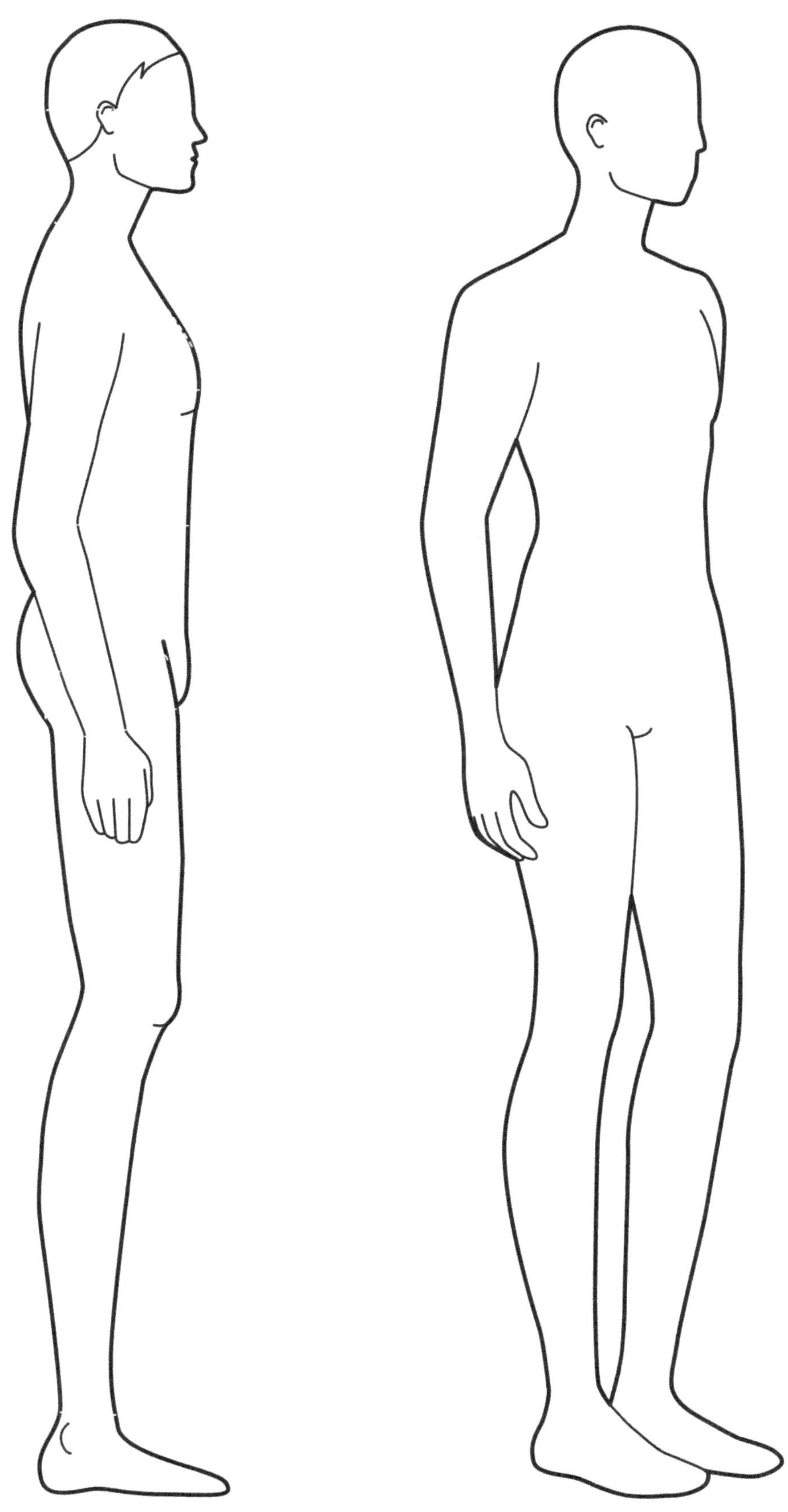

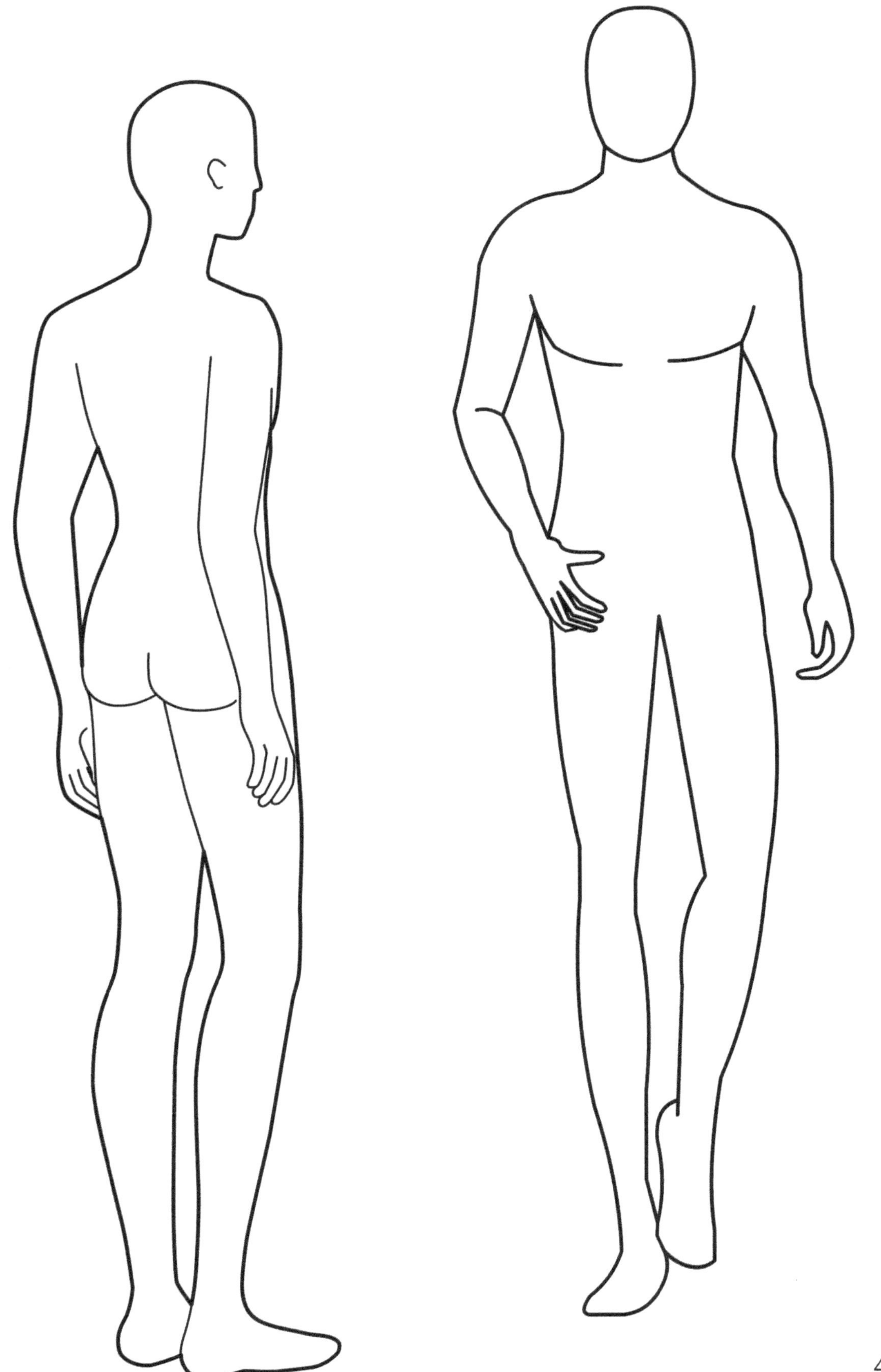

Tus notas y fotos de inspiración

Esta página es tu tablero personal de inspiración. Úsala para documentar tus experimentos de estilo, guardar ideas y seguir tu evolución como diseñador.

- Pega recortes de revistas, muestras de tela o bocetos de outfits.
- Escribe lo que funcionó, lo que mejorarías y cómo imaginas la prenda terminada.
- Observa los patrones o formas que se repiten en tu estilo.

Consejo profesional*: Las mejores colecciones nacen de ideas pequeñas. Guarda todo lo que te inspire: puede convertirse en el inicio de tu próximo gran diseño.*

Inspiración de Conjunto:
Office Chic y Glam de Pasarela

Estilo de oficina y moda futurista

Inspiración Office Chic

El minimalismo en la moda de oficina masculina se basa en líneas limpias y tonos sobrios. Combina pantalones slim con un suéter ligero o camisa lisa. El calzado debe ser elegante pero moderno: mocasines o sneakers de cuero funcionan bien. Este look proyecta enfoque, simplicidad y profesionalismo contemporáneo.

Inspiración Futuristic Menswear

La moda futurista es audaz y experimental. Piensa en tejidos metálicos, prendas estructuradas y cortes asimétricos. Los tonos plata, cromo o efectos holográficos crean un impacto visual fuerte. El calzado puede incluir materiales innovadores que fusionan estilo y tecnología.

Guía de práctica y notas de moda

La ropa comunica carácter. Usa esta página para diseñar un conjunto inspirado en un estilo de vida, un estado de ánimo o una situación.

Cómo usar esta página:
- Elige un tema (deporte, viaje, vida urbana).
- Exprésalo a través de los cortes, los accesorios y los tejidos.
- Escribe cómo cada detalle apoya el tema elegido.

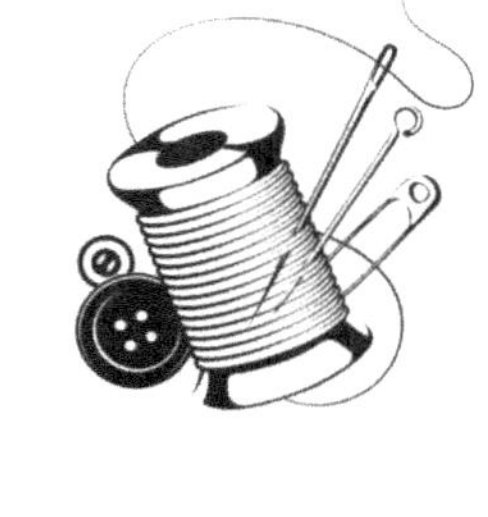

Reflexión y notas:
- ¿Capturé el estado de ánimo elegido?
- ¿Qué parte del conjunto cuenta mejor la historia?
- ¿Cómo podría llevar el concepto un paso más allá?

Consejo profesional: *El estilo masculino se vuelve poderoso cuando refleja la identidad personal.*

____

____

____

____

____

____

____

____

Inspiración de Conjunto: Estilo Urbano (Streetwear)

Oversized & Relaxed / Estilo Oversized y Relajado

El streetwear de corte amplio se basa en la comodidad, pero crea un gran impacto visual. Imagina una sudadera holgada, vaqueros de pierna ancha y zapatillas voluminosas. Añade un gorro "bucket" o un beanie grande y el conjunto se vuelve moderno y con actitud callejera.

Sin embargo, no se trata solo de prendas grandes: las proporciones deben pensarse con cuidado. Combinar pantalones muy anchos con una parte superior igualmente voluminosa puede ocultar la figura, por eso muchos optan por equilibrar una pieza ancha con otra más ajustada. Este estilo permite libertad de movimiento y autoexpresión, y resulta muy actual cuando se acompaña de capas o accesorios llamativos.

Consejo profesional: *Juega con las proporciones. Si tu sudadera es muy grande, equilíbrala con pantalones más ajustados. Si tus pantalones son anchos, combínalos con una chaqueta más corta o entallada. Así mantendrás el look moderno y equilibrado.*

Tendencias

Inspiración

Textiles

Notas

Detalles

Muestras

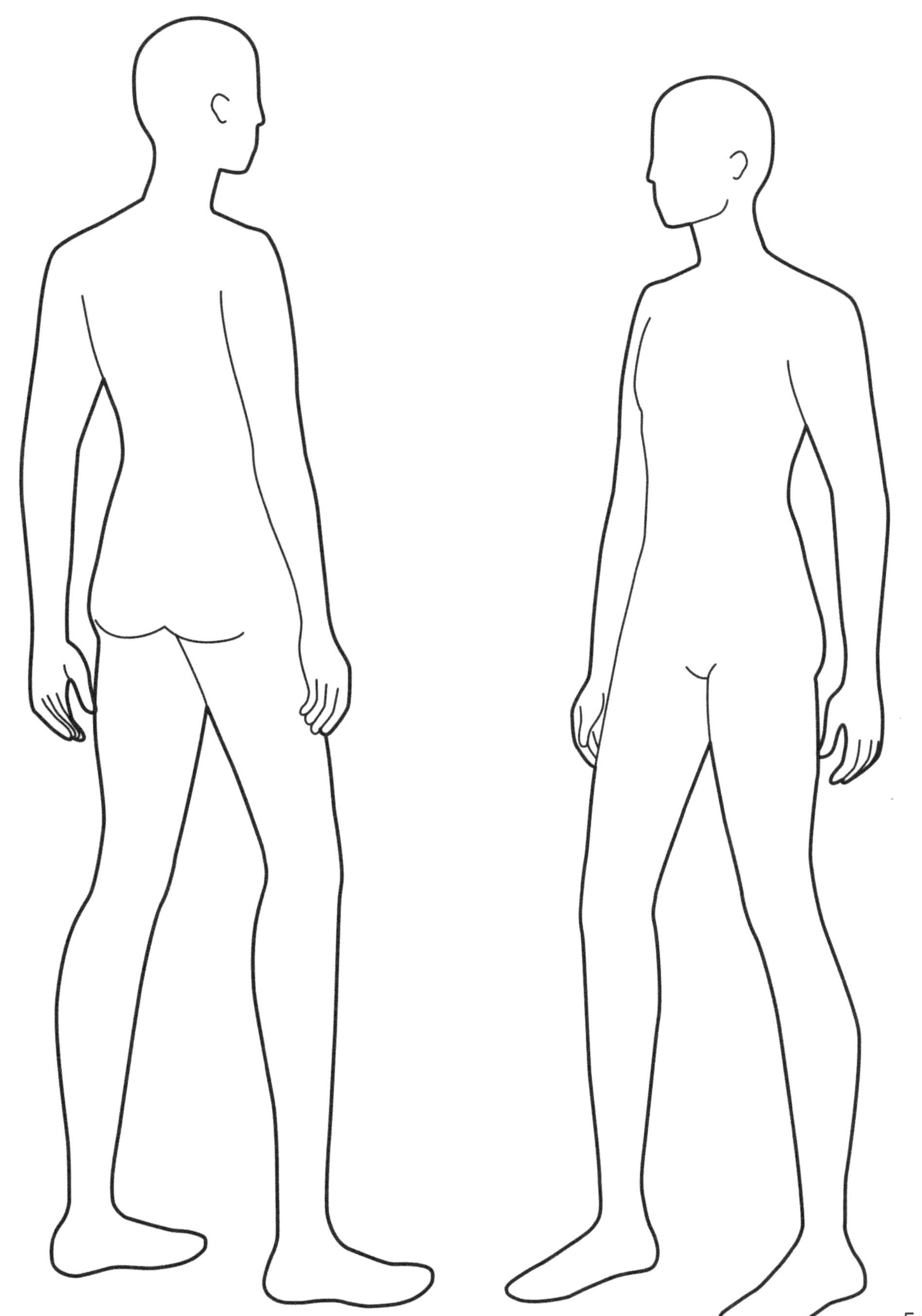

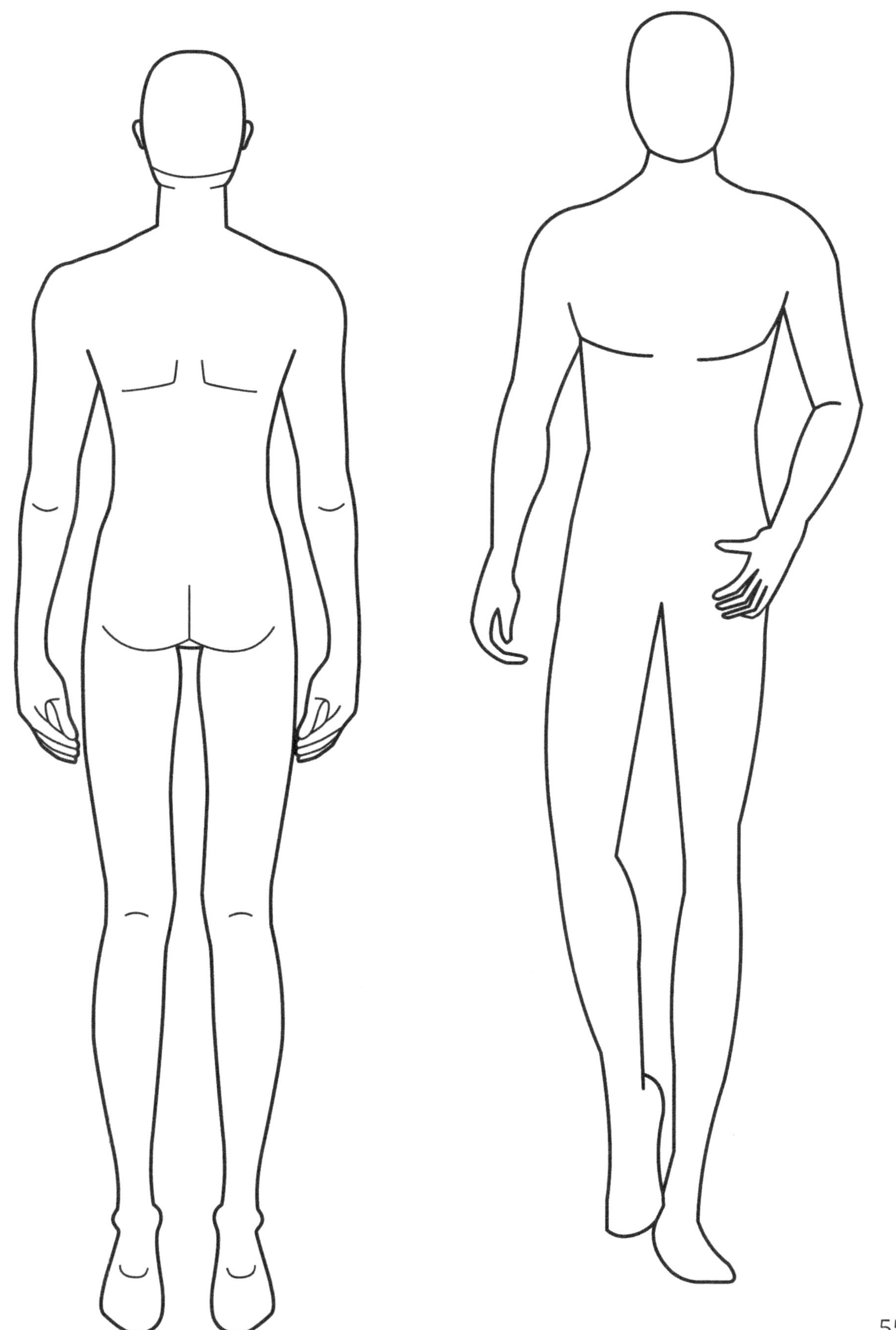

Tus notas y fotos de inspiración

Esta página es tu tablero personal de inspiración. Úsala para documentar tus experimentos de estilo, guardar ideas y seguir tu evolución como diseñador.

- Pega recortes de revistas, muestras de tela o bocetos de outfits.
- Escribe lo que funcionó, lo que mejorarías y cómo imaginas la prenda terminada.
- Observa los patrones o formas que se repiten en tu estilo.

Consejo profesional*: Las mejores colecciones nacen de ideas pequeñas. Guarda todo lo que te inspire: puede convertirse en el inicio de tu próximo gran diseño.*

Inspiración de Conjunto:
Office Chic y Glam de Pasarela

Creative Professional + Festival Glam / Profesional Creativo + Glamour de Festival

Inspiración Office Chic

En los entornos creativos, los hombres pueden adoptar estilos expresivos. Camisas estampadas, blazers relajados o pantalones en tonos inesperados aportan personalidad al ambiente laboral. Superponer bufandas ligeras o tejidos con textura añade individualidad sin perder profesionalismo.

Inspiración Runway Glam

El glamour inspirado en festivales es energético y ecléctico. Chaquetas con lentejuelas, vaqueros decorados y estampados llamativos dominan la escena. Flecos, bordados y accesorios metálicos realzan el espíritu festivo. Estos looks brillan bajo las luces, irradiando confianza y vitalidad.

Guía de práctica y notas de moda

La innovación comienza con el contraste. Esta página es tu laboratorio para combinar diferentes estilos y probar nuevos límites.

Cómo usar esta página:
- Combina lo casual con lo formal (sudadera con blazer).
- Experimenta con prendas amplias y cortes entallados.
- Anota qué combinaciones funcionan y cuáles no.

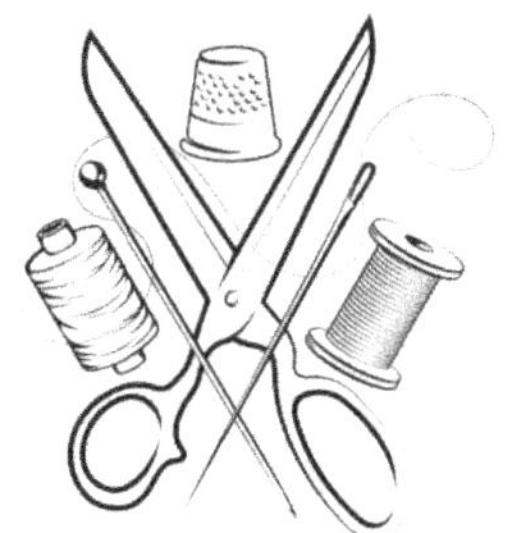

Reflexión y notas:
- ¿Qué combinación me sorprendió más?
- ¿El resultado se sintió equilibrado o caótico?
- ¿Funcionaría este diseño en la vida real?

Consejo profesional: *Las mezclas inesperadas suelen dar lugar a looks masculinos originales y frescos.*

Inspiración de Conjunto: Estilo Urbano (Streetwear)

Denim Street Style / Estilo Callejero con Denim

El denim es un pilar del streetwear desde hace décadas, y su fuerza está en la variedad. Jeans rasgados, chaquetas desgastadas, diseños con parches o mezclas de tonos aportan frescura y carácter. Combinar denim con camisetas gráficas o sudaderas crea una estética urbana con aire rebelde.

El doble denim también puede funcionar si se equilibra bien: una chaqueta más clara con jeans oscuros, o viceversa. Los accesorios -como cadenas, gorras o zapatillas- completan el look. Este estilo es ideal para días informales en los que quieres mostrar actitud y autenticidad.

Consejo profesional: *Evita combinar tonos de denim idénticos. Contrasta tonos claros y oscuros o rompe la armonía con una prenda en un color llamativo (como una sudadera brillante). Eso mantiene el look interesante y moderno.*

Tendencias

Inspiración

Textiles

Notas

Detalles

Muestras

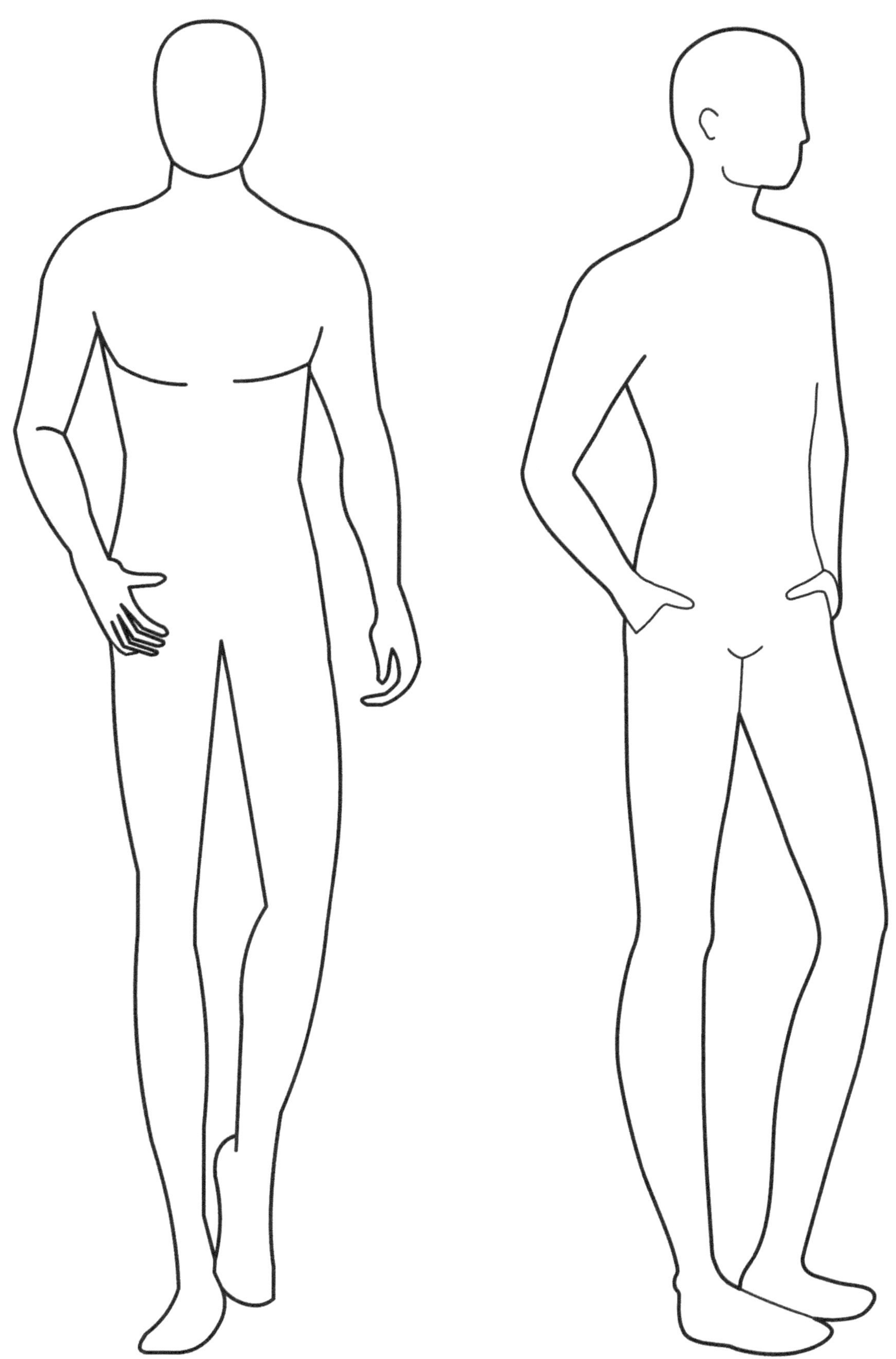

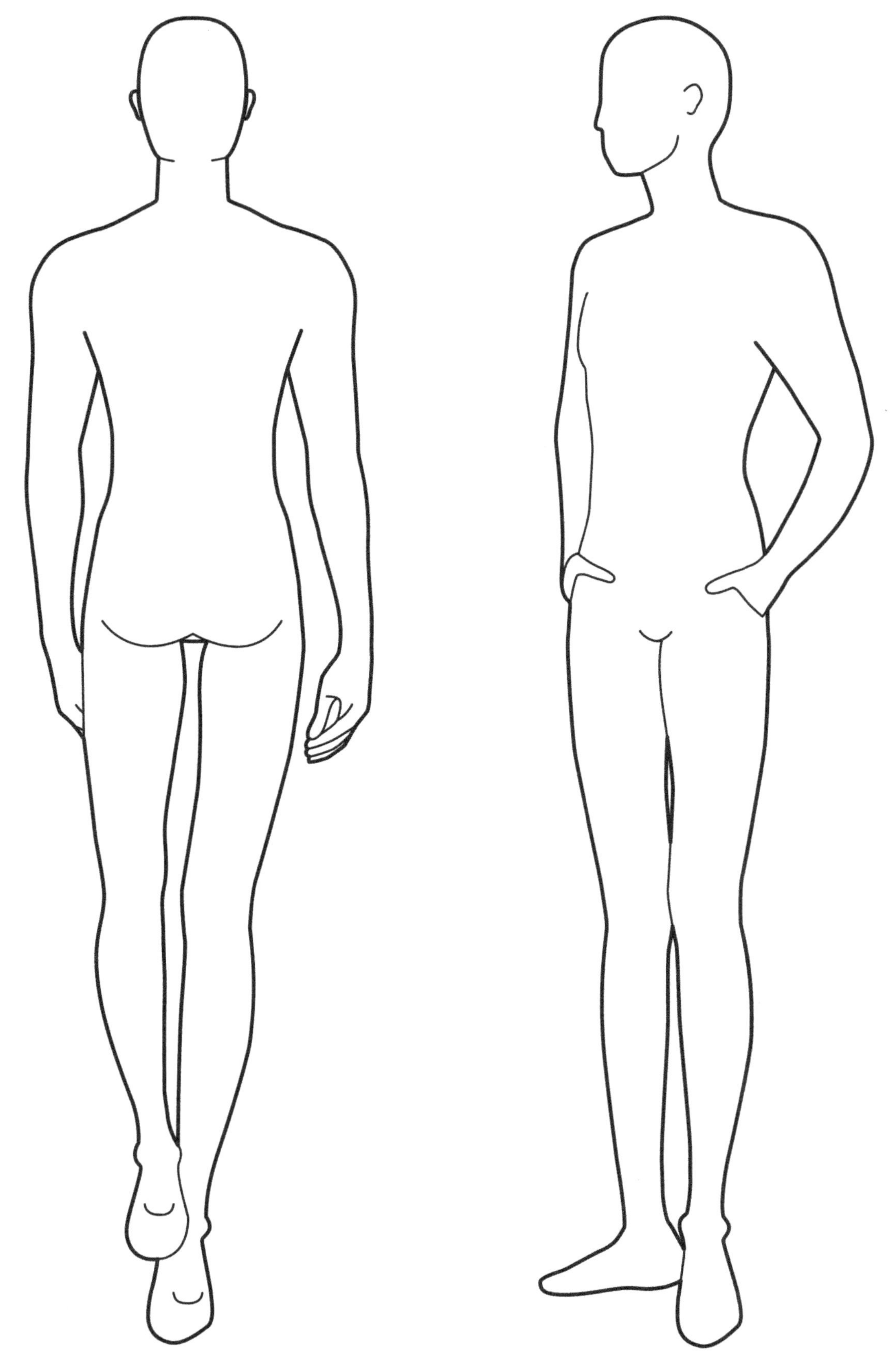

Tus notas y fotos de inspiración

Esta página es tu tablero personal de inspiración. Úsala para documentar tus experimentos de estilo, guardar ideas y seguir tu evolución como diseñador.

- Pega recortes de revistas, muestras de tela o bocetos de outfits.
- Escribe lo que funcionó, lo que mejorarías y cómo imaginas la prenda terminada.
- Observa los patrones o formas que se repiten en tu estilo.

Consejo profesional*: Las mejores colecciones nacen de ideas pequeñas. Guarda todo lo que te inspire: puede convertirse en el inicio de tu próximo gran diseño.*

Inspiración de Conjunto: Office Chic y Glam de Pasarela

Power Suiting + Sustainable Menswear Glam / Traje de Poder + Glamour Sostenible Masculino

Inspiración Office Chic

El traje de poder se basa en la sastrería impecable y la presencia segura. Blazers estructurados con hombros marcados, combinados con camisas ajustadas y pantalones entallados, proyectan autoridad. Los tonos oscuros como el azul marino o el negro refuerzan la elegancia.

Inspiración Runway Glam

El glamour sostenible demuestra que la moda masculina puede ser responsable y elegante. Prendas confeccionadas con materiales reciclados o fibras naturales se transforman en piezas de pasarela. Los tonos neutros, los cortes limpios y los accesorios ecológicos reflejan lujo ético sin comprometer el estilo.

Guía de práctica y notas de moda

La moda masculina también se trata de funcionalidad. La ropa debe equilibrar estilo, comodidad y propósito.

Cómo usar esta página:
- Dibuja un conjunto para un uso específico (trabajo, gimnasio, fin de semana).
- Considera el movimiento y la comodidad.
- Añade notas sobre los tejidos y la practicidad.

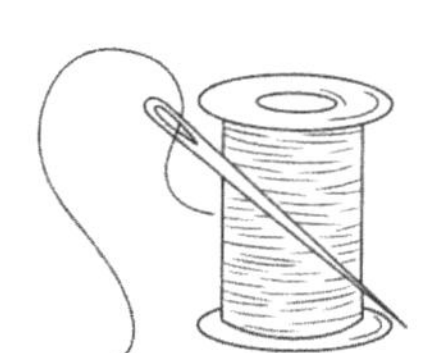

Reflexión y notas:
- ¿Logré unir comodidad y estilo?
- ¿Qué elemento aporta más funcionalidad?
- ¿Cómo podría adaptar este diseño?

Consejo profesional: *La funcionalidad da a la moda masculina un atractivo duradero.*

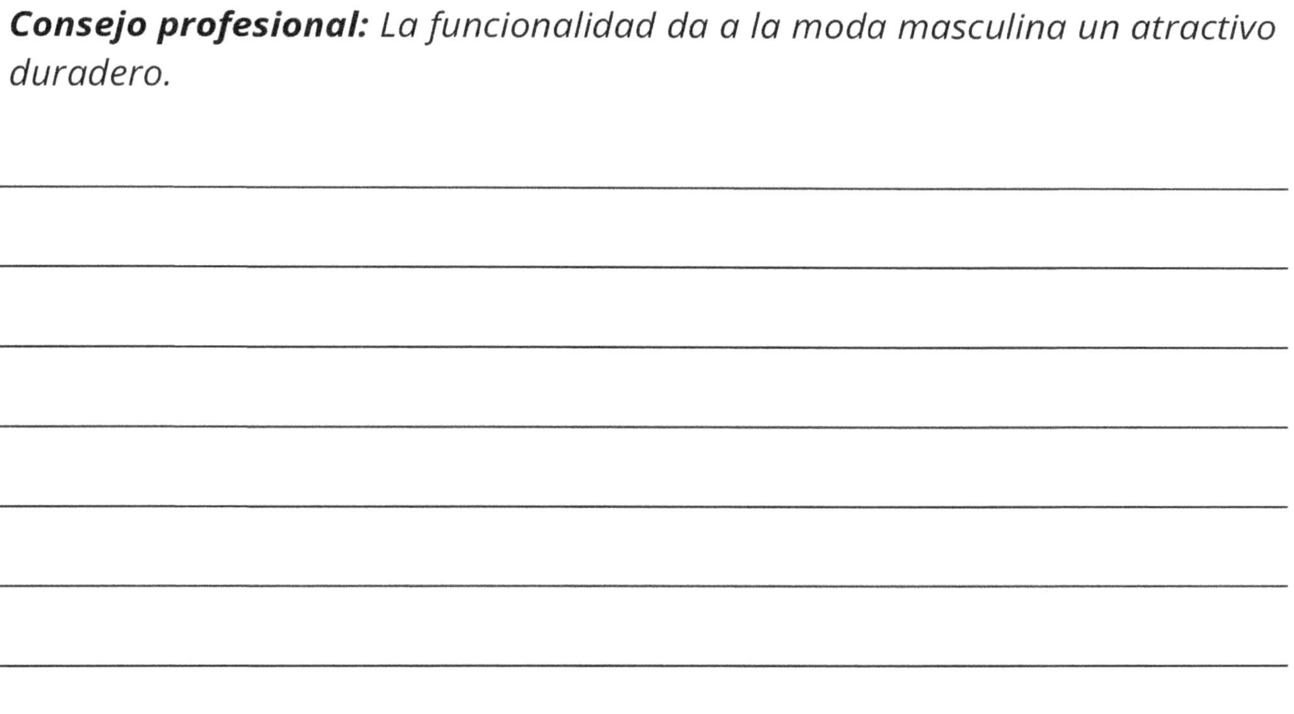

Inspiración de Conjunto: Estilo Urbano (Streetwear)

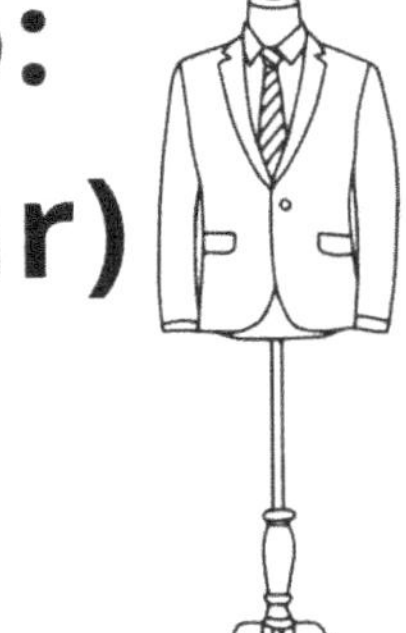

Monochrome Streetwear /
Estilo Urbano Monocromático

El look monocromático en el streetwear es elegante, potente y sorprendentemente versátil. Vestirse de pies a cabeza en negro, blanco o tonos tierra crea una imagen unificada y moderna.

La clave está en mezclar texturas: sudaderas de algodón mate, chaquetas de nailon brillante y zapatillas de cuero añaden profundidad incluso cuando los colores permanecen iguales.

Los conjuntos monocromáticos transmiten una energía futurista e intencionada, y pueden adaptarse según los accesorios. Un look completamente negro genera una presencia urbana y sofisticada, mientras que el blanco total proyecta frescura y minimalismo.

Consejo profesional: Monocromático no significa aburrido. Juega con las texturas (denim, nailon, lana, cuero) para mantener el conjunto dinámico. Los accesorios -como gorras, cinturones o cadenas- añaden contraste sutil sin romper la armonía del look.

Tendencias

Inspiración

Textiles

Notas

Detalles

Muestras

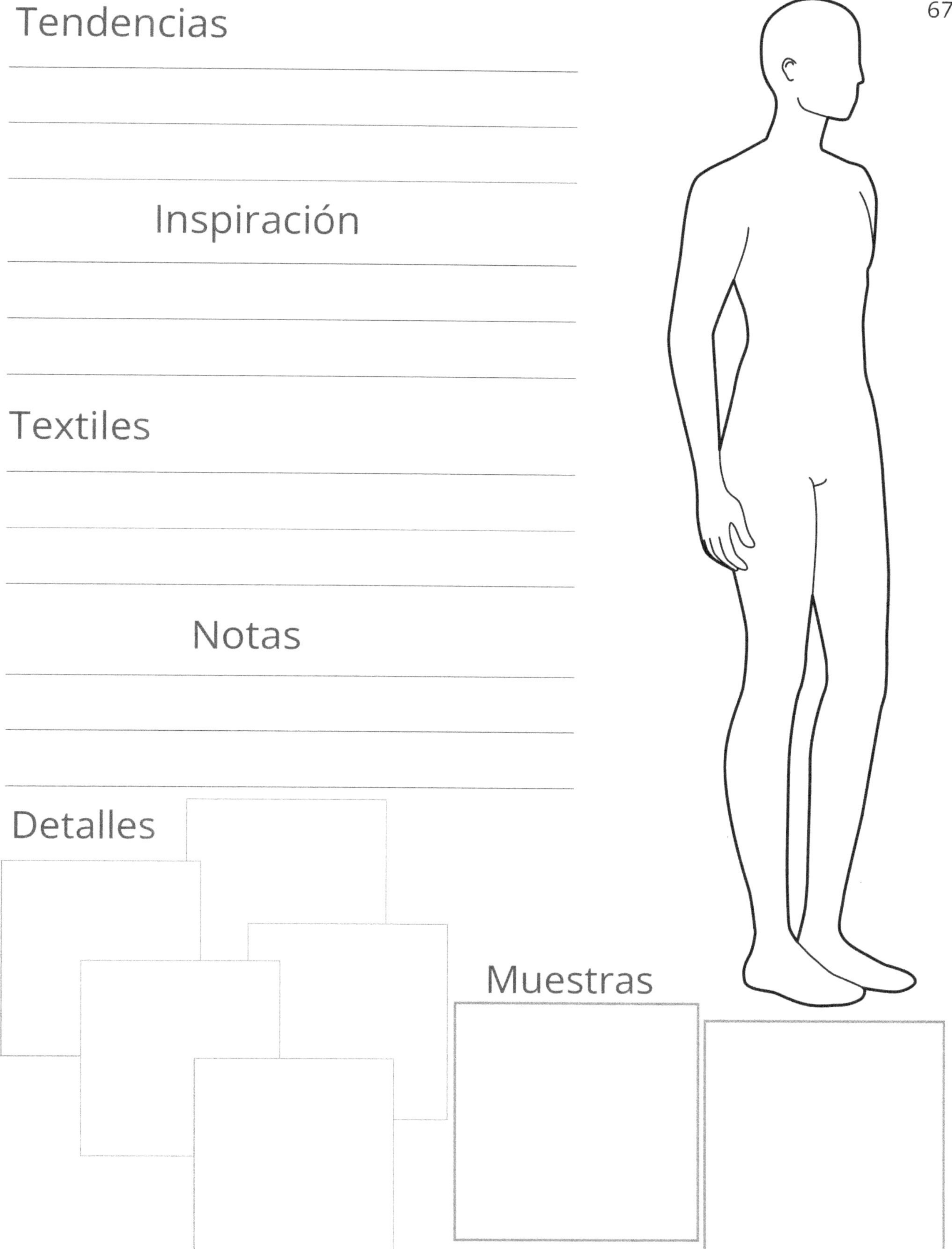

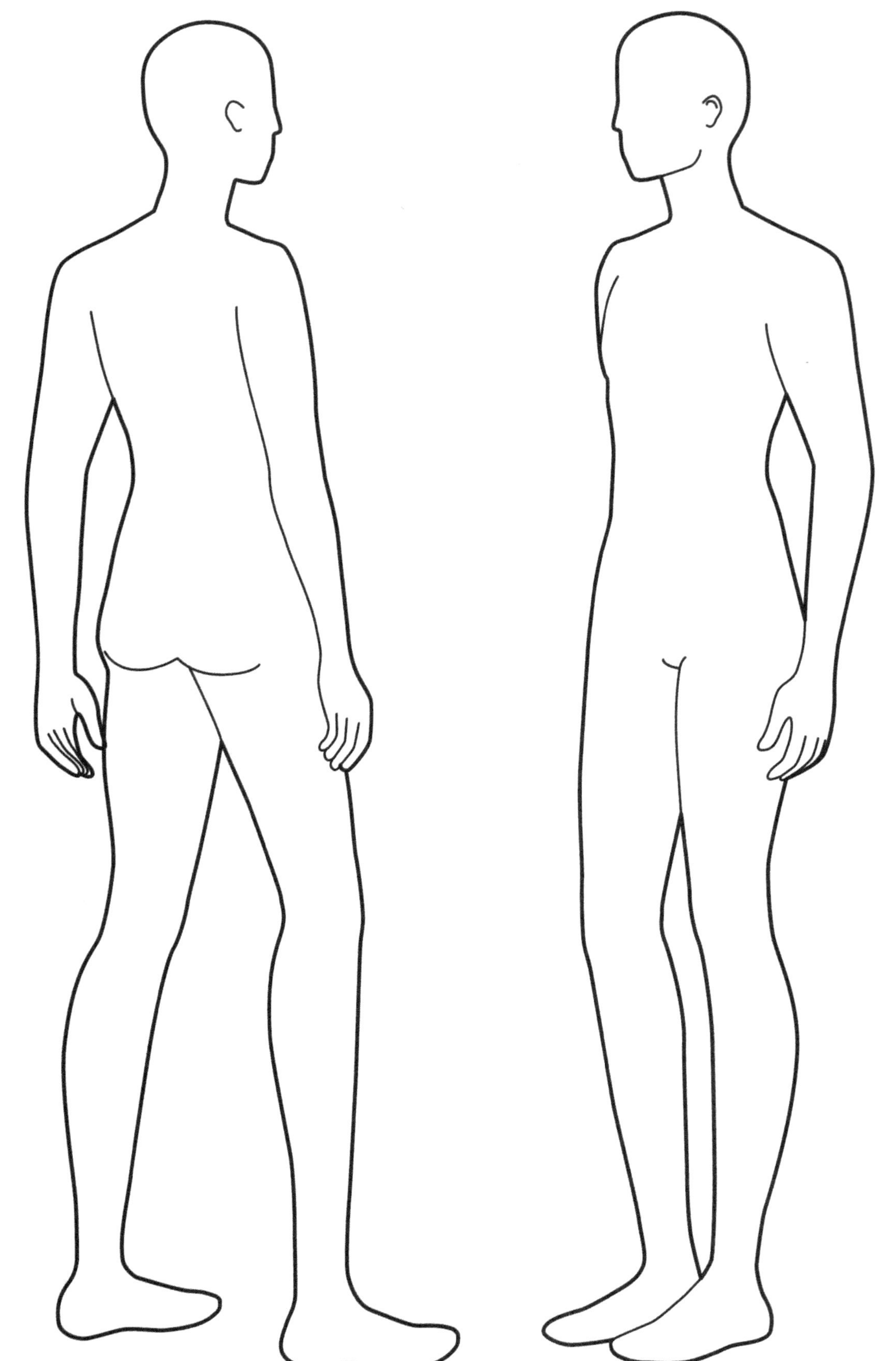

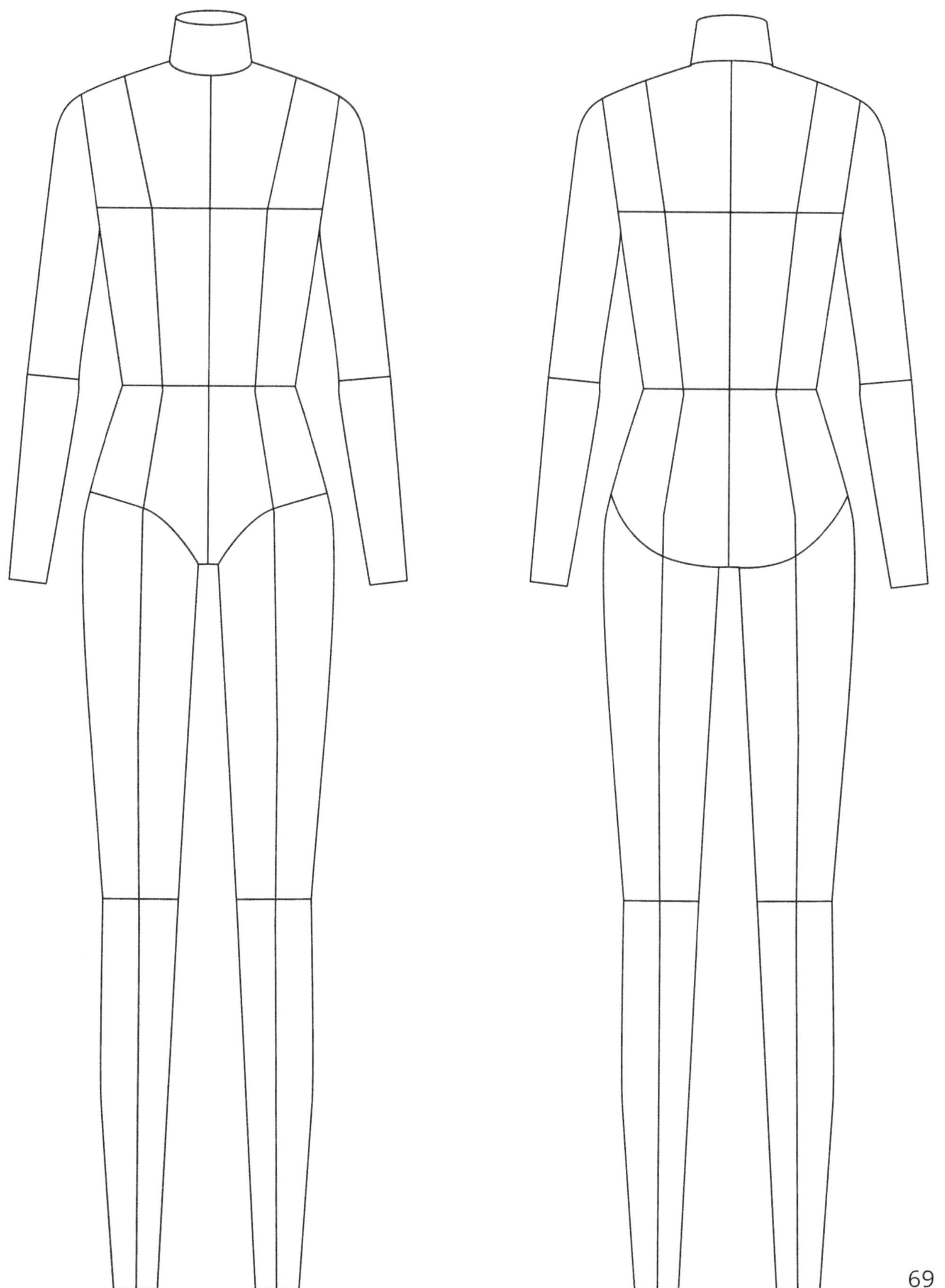

Tus notas y fotos de inspiración

Esta página es tu tablero personal de inspiración. Úsala para documentar tus experimentos de estilo, guardar ideas y seguir tu evolución como diseñador.

- Pega recortes de revistas, muestras de tela o bocetos de outfits.
- Escribe lo que funcionó, lo que mejorarías y cómo imaginas la prenda terminada.
- Observa los patrones o formas que se repiten en tu estilo.

Consejo profesional*: Las mejores colecciones nacen de ideas pequeñas. Guarda todo lo que te inspire: puede convertirse en el inicio de tu próximo gran diseño.*

Inspiración de Conjunto: Office Chic y Glam de Pasarela

Casual Friday + Haute Couture Menswear / Viernes Casual + Alta Costura Masculina

Inspiración Office Chic

Los "Casual Fridays" son perfectos para equilibrar relajación y elegancia. Combina vaqueros oscuros con un blazer y una camisa pulcra. Los mocasines o las botas Chelsea completan el look, mientras que un cinturón de cuero o un reloj añaden un toque de refinamiento. Este estilo demuestra que la comodidad y la sofisticación pueden convivir perfectamente.

Inspiración Runway Glam

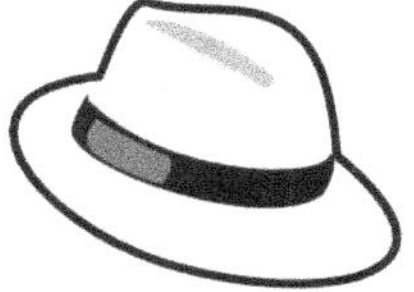

La alta costura masculina representa artesanía y arte. Bordados hechos a mano, costuras personalizadas y tejidos lujosos como la seda o el terciopelo transforman las prendas en obras únicas. Las chaquetas con solapas exageradas o los bordados en capas elevan las prendas cotidianas a un nivel de elegancia artística.

Guía de práctica y notas de moda

 Las texturas aportan profundidad a los conjuntos masculinos. Lana, denim, cuero o punto pueden transformar completamente el resultado final.

Cómo usar esta página:
- Dibuja un conjunto con varias capas e indica los tejidos.
- Mezcla texturas pesadas y ligeras (abrigo de lana con camiseta de algodón).
- Escribe notas sobre cómo interactúan entre sí.

Reflexión y notas:
- ¿Qué combinación funcionó mejor?
- ¿Las texturas mejoraron la silueta?
- ¿Cómo podría perfeccionar el boceto?

Consejo profesional: *La elección de texturas convierte los diseños simples en declaraciones de estilo potentes.*

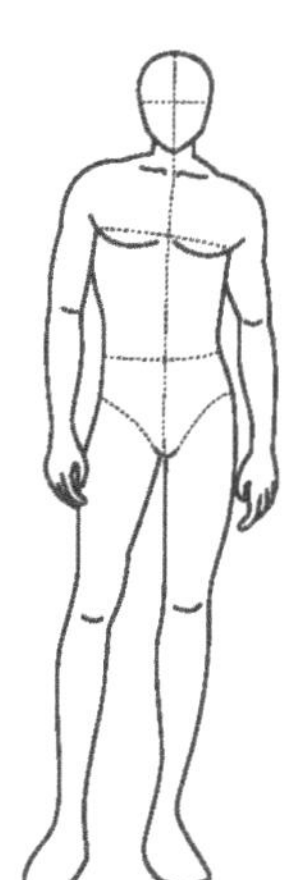

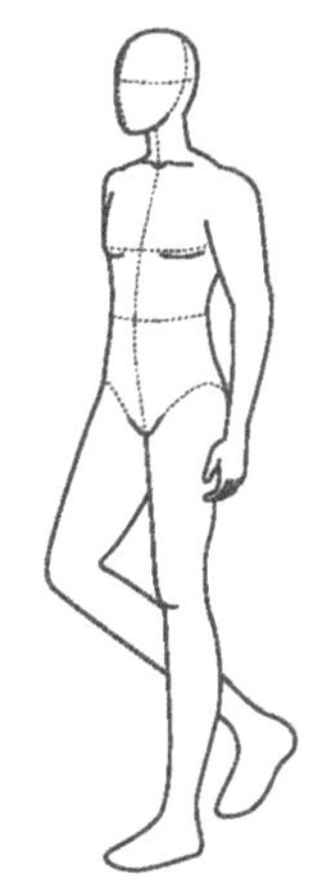

Inspiración de Conjunto: Estilo Urbano (Streetwear)

Graphic & Bold Prints / Gráficos y Estampados Atrevidos

El streetwear vive de las declaraciones visuales, y nada destaca más que una sudadera gráfica, una camiseta estampada o unas zapatillas con diseños audaces. Estas prendas permiten expresar la personalidad a través de la moda, ya sea con arte abstracto, frases o motivos urbanos.

Combina los estampados llamativos con básicos neutros para mantener el equilibrio. Por ejemplo, una sudadera llena de gráficos de colores puede equilibrarse con joggers negros y zapatillas lisas.

La clave está en dejar que una sola prenda sea la protagonista mientras el resto del conjunto permanece simple.

Consejo profesional: *Una sola prenda llamativa basta. Si llevas una sudadera con gráficos intensos, mantén los pantalones y zapatos neutros. De lo contrario, el look puede parecer recargado en lugar de expresivo.*

73

Tendencias

Inspiración

Textiles

Notas

Detalles

Muestras

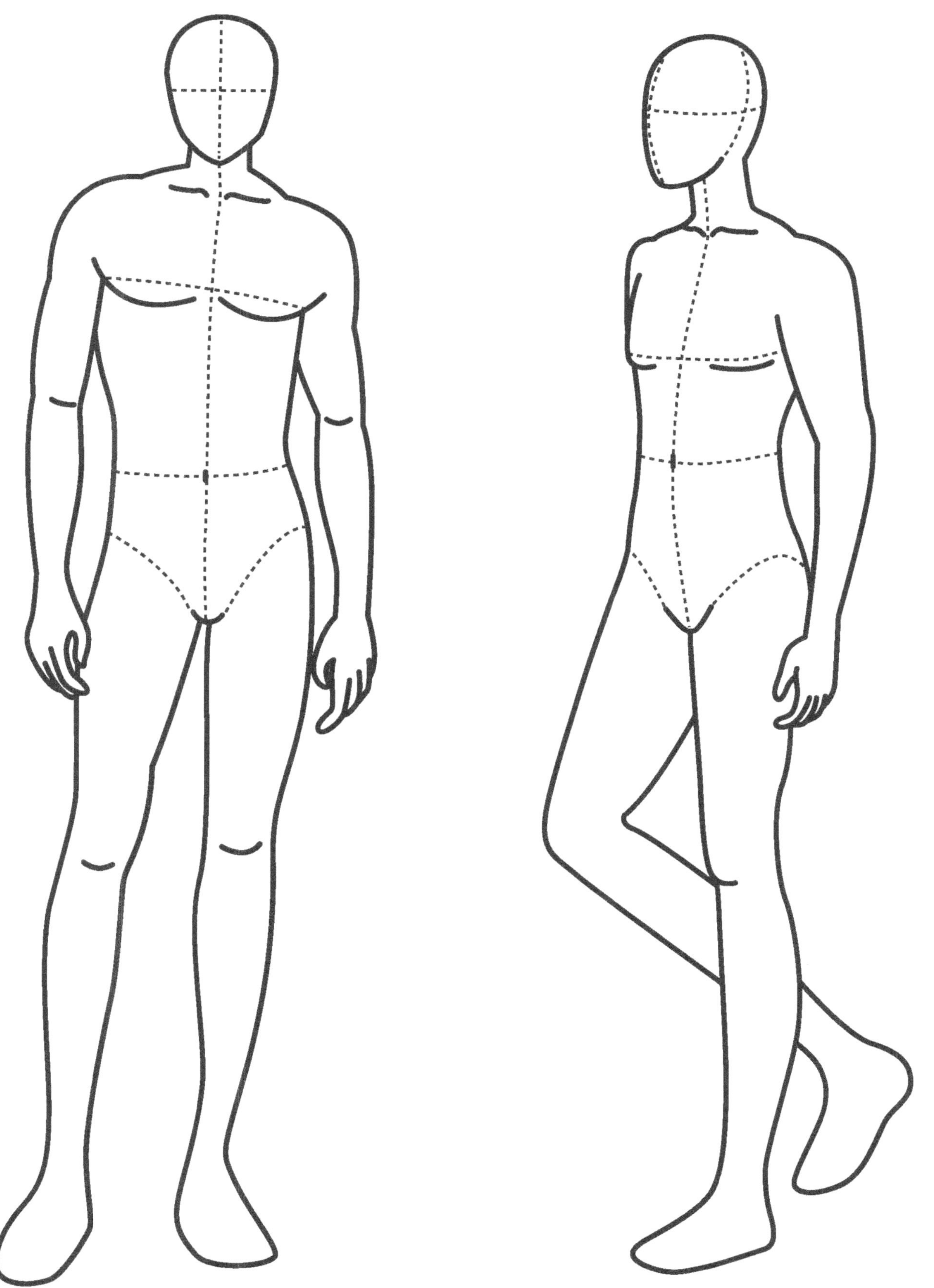

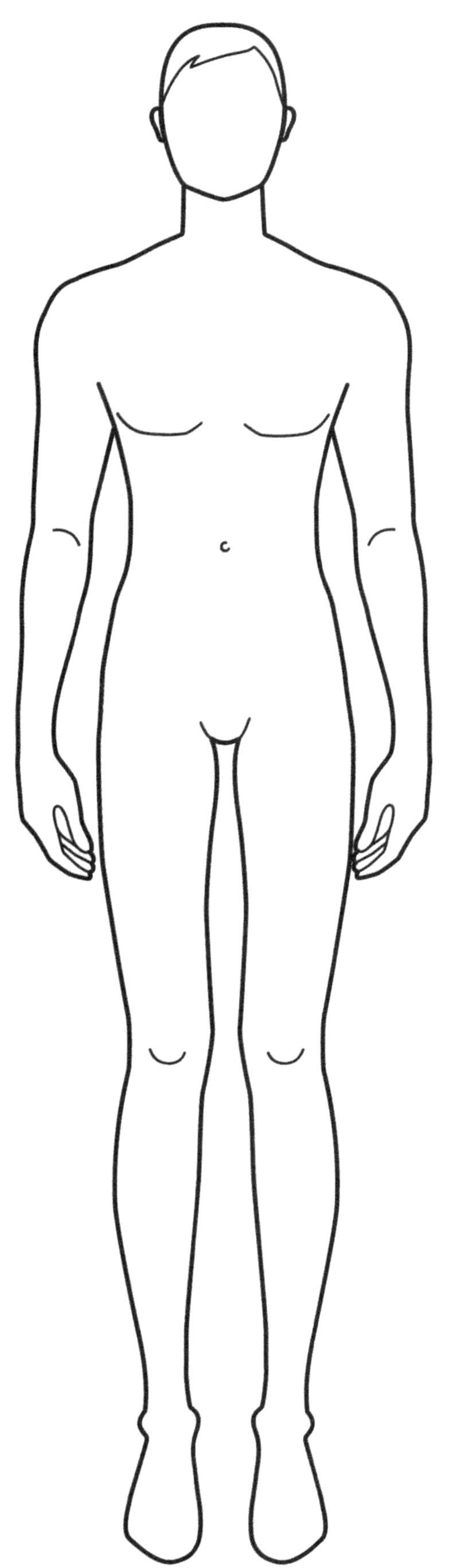
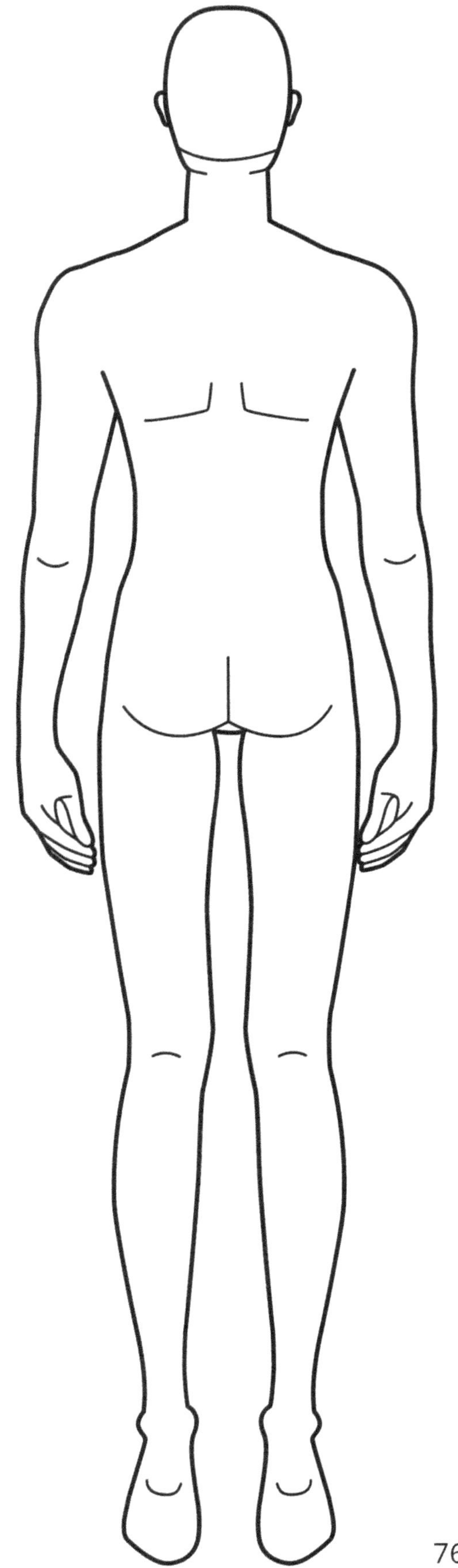

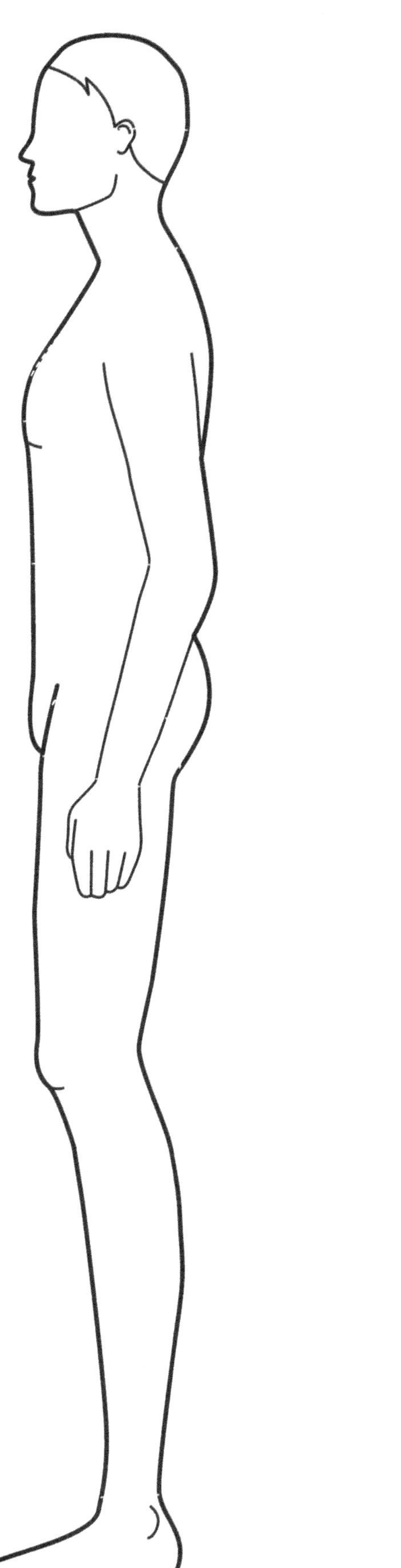
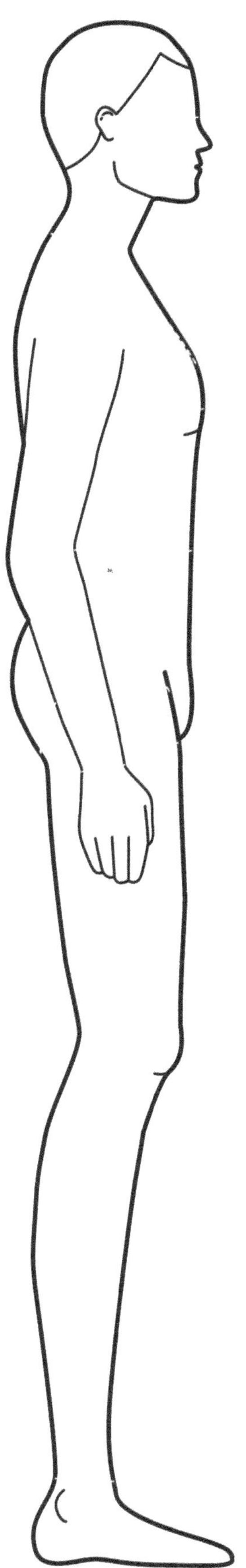

Tus notas y fotos de inspiración

Esta página es tu tablero personal de inspiración. Úsala para documentar tus experimentos de estilo, guardar ideas y seguir tu evolución como diseñador.

- Pega recortes de revistas, muestras de tela o bocetos de outfits.
- Escribe lo que funcionó, lo que mejorarías y cómo imaginas la prenda terminada.
- Observa los patrones o formas que se repiten en tu estilo.

Consejo profesional*: Las mejores colecciones nacen de ideas pequeñas. Guarda todo lo que te inspire: puede convertirse en el inicio de tu próximo gran diseño.*

Inspiración de Conjunto: Office Chic y Glam de Pasarela

Estilo Monocromático de Oficina + Glamur Minimalista

Inspiración de Oficina Elegante

Una paleta monocromática crea cohesión instantánea. Un conjunto completamente negro, gris o azul marino, construido con texturas variadas, genera una impresión audaz pero profesional.

Una chaqueta de lana, una camisa de algodón y un cinturón de cuero en el mismo tono expresan refinamiento a través de la simplicidad.

Inspiración Glam de Pasarela

El glamur minimalista para hombres es elegante y poderoso. Los trajes a medida o los abrigos de líneas puras en colores sólidos intensos destacan la estructura. Un solo accesorio llamativo -quizás un cinturón metálico o unos zapatos distintivos- añade el toque justo de dramatismo.

La belleza reside en la moderación y los cortes precisos.

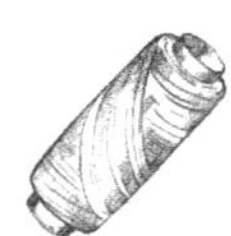
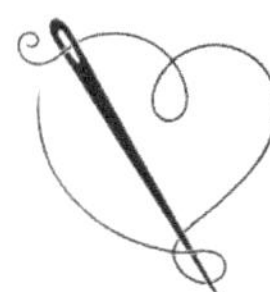
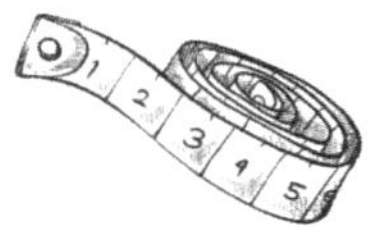

Guía de práctica y notas de moda

Los accesorios definen el estilo masculino más de lo que muchos creen. Usa esta página para ver cómo pueden cambiar el tono de un conjunto.

Cómo usar esta página:

- Empieza con un look base (camisa + pantalones).
- Añade 2-3 accesorios distintos (reloj, bolso, sombrero, zapatos).
- Escribe qué versión se siente más fuerte.

Reflexión y notas:

- ¿Qué accesorio aportó más carácter?
- ¿Dominó el conjunto o lo mejoró?
- ¿Cómo podría perfeccionar el equilibrio?

Consejo profesional: *Un solo accesorio puede transformar lo casual en icónico.*

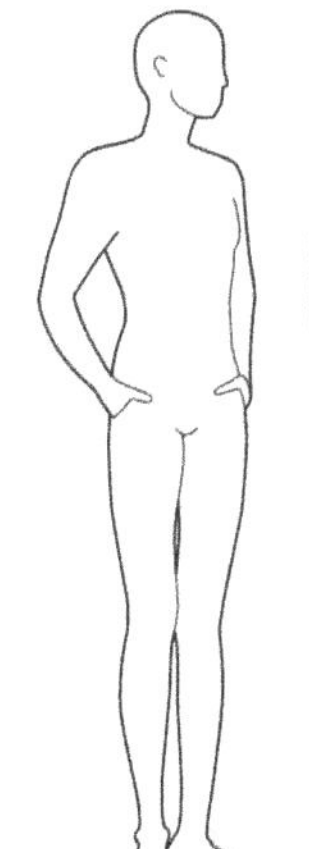

Inspiración de Conjunto: Estilo Urbano (Streetwear)

Military-Inspired Streetwear / Estilo Urbano de Inspiración Militar

Los pantalones cargo, los estampados de camuflaje, las chaquetas utilitarias y las botas de combate aportan un aire resistente y táctico al streetwear.

Este estilo nace de la funcionalidad: bolsillos grandes, tejidos duraderos y colores terrosos como verde oliva, caqui o negro. Pero la practicidad no significa falta de estilo.

El streetwear de inspiración militar es adaptable: combina una chaqueta camuflada con joggers ajustados o lleva pantalones cargo con una sudadera sencilla. El resultado transmite solidez y carácter.

Este look conecta con quienes buscan una mezcla entre fuerza y modernidad urbana.

Consejo profesional: *Mantén una paleta de colores naturales - verde oliva, caqui, beige y negro funcionan mejor-. Agrega un toque moderno, como unas zapatillas minimalistas, para mantener el conjunto contemporáneo y evitar que parezca un disfraz.*

81

Tendencias

Inspiración

Textiles

Notas

Detalles

Muestras

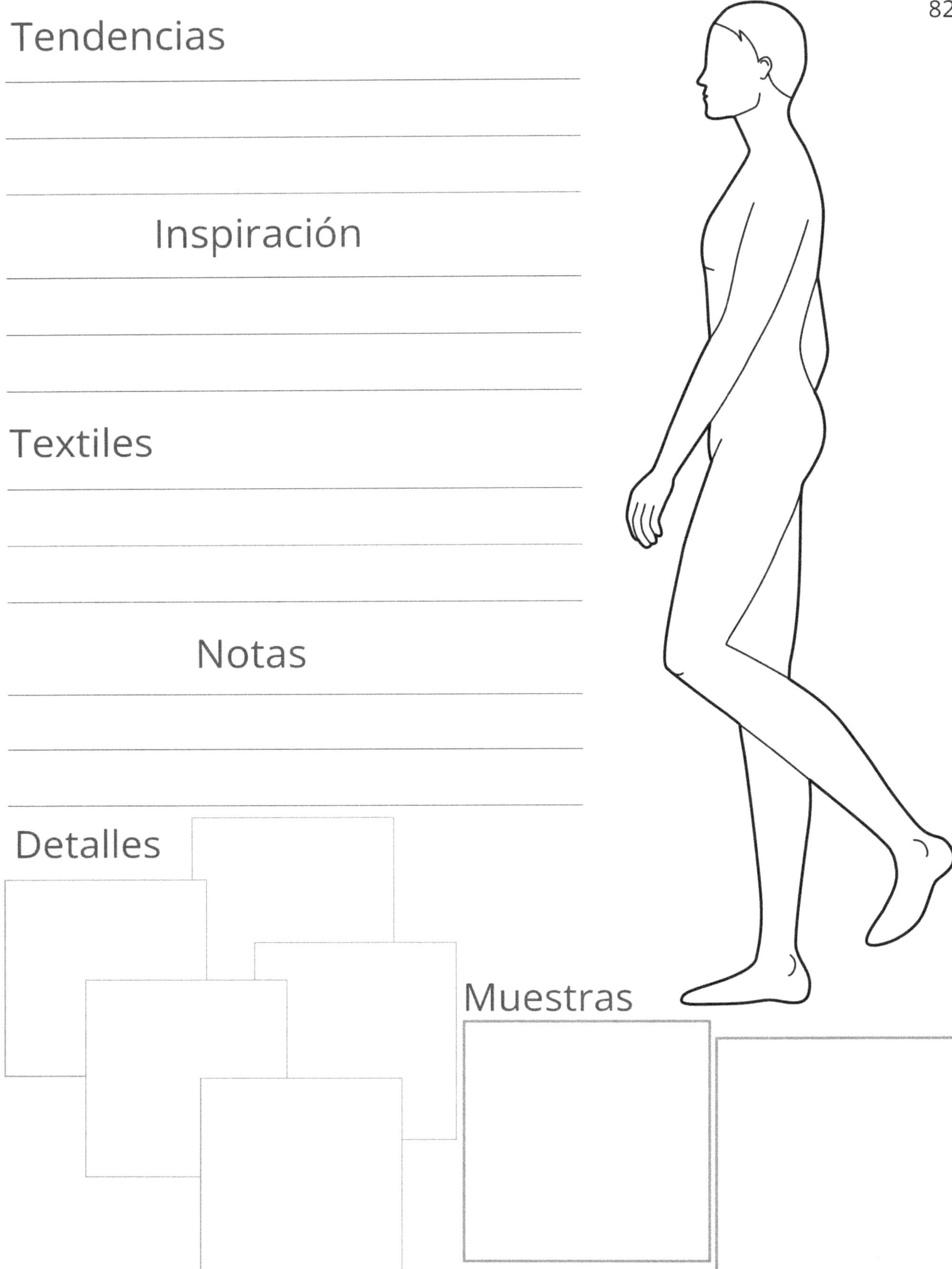

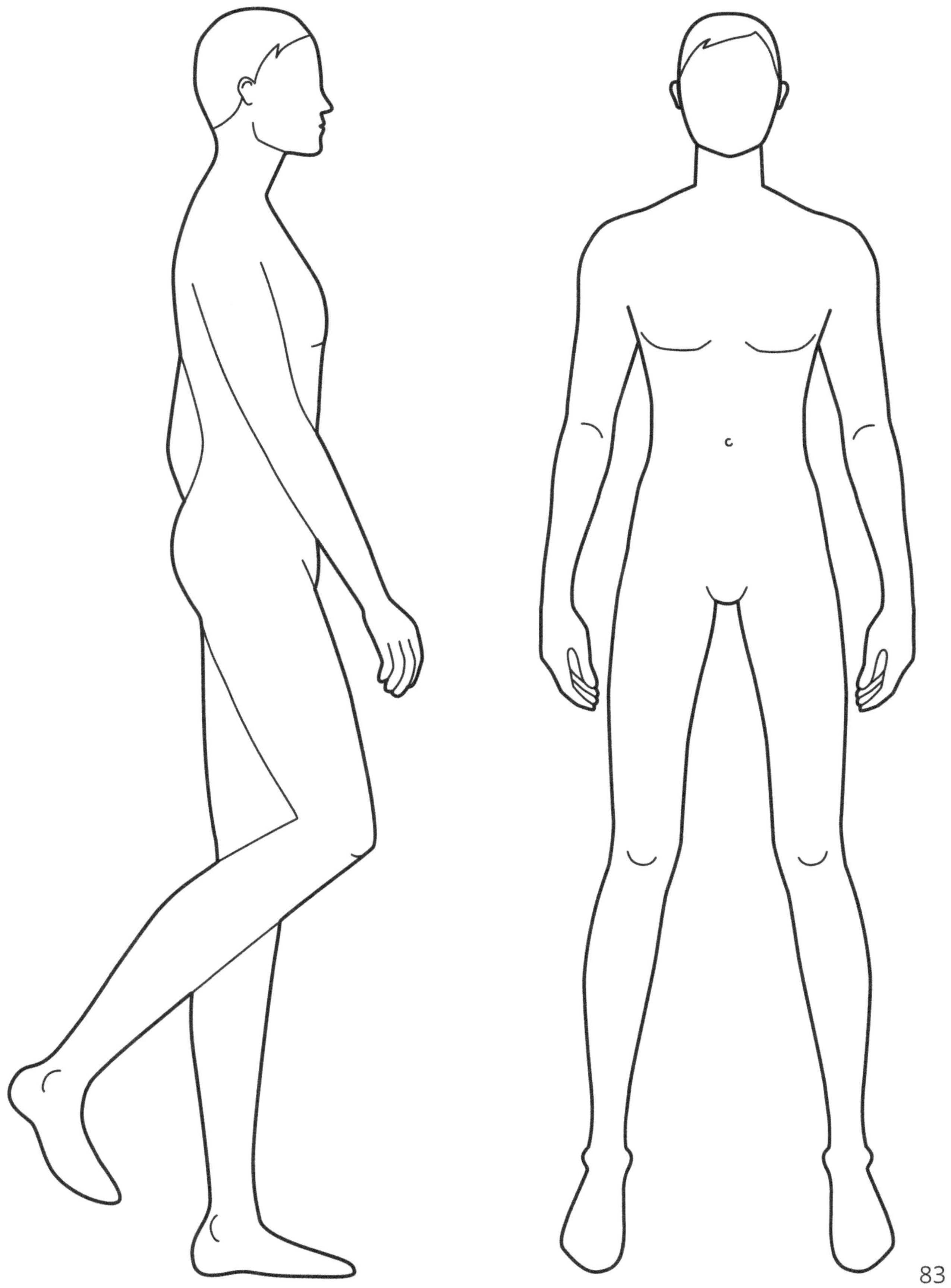

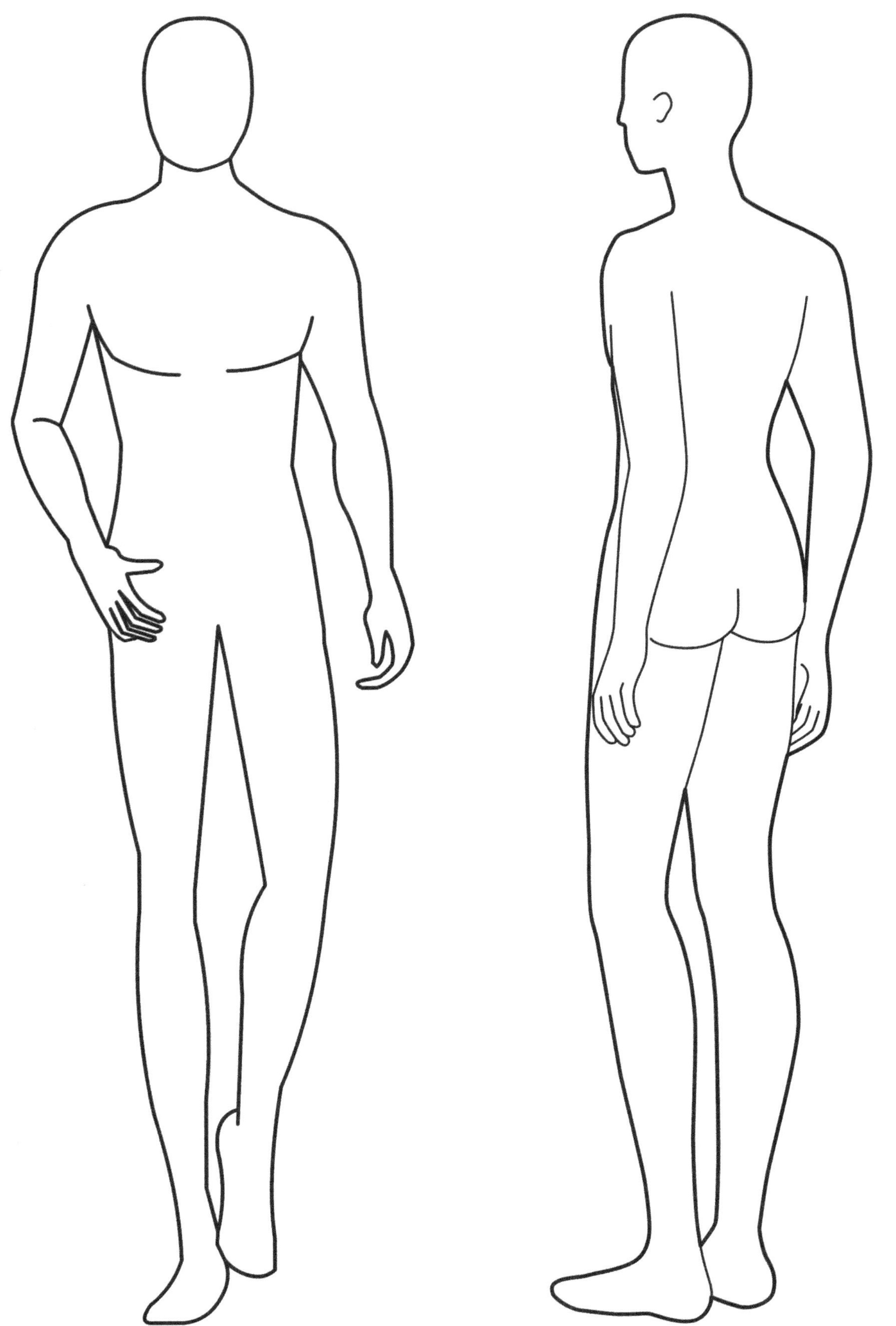

Tus notas y fotos de inspiración

Esta página es tu tablero personal de inspiración. Úsala para documentar tus experimentos de estilo, guardar ideas y seguir tu evolución como diseñador.

- Pega recortes de revistas, muestras de tela o bocetos de outfits.
- Escribe lo que funcionó, lo que mejorarías y cómo imaginas la prenda terminada.
- Observa los patrones o formas que se repiten en tu estilo.

Consejo profesional: Las mejores colecciones nacen de ideas pequeñas. Guarda todo lo que te inspire: puede convertirse en el inicio de tu próximo gran diseño.

Inspiración de Conjunto: Office Chic y Glam de Pasarela

Híbrido Smart-Casual + Elegancia Futurista

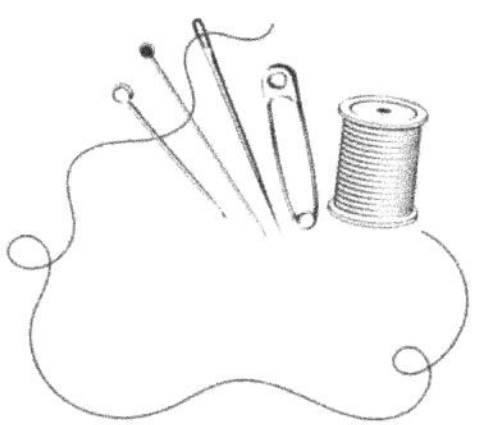

Inspiración de Oficina Elegante

Los looks smart-casual combinan profesionalismo y comodidad. Combina chinos con una camisa de botones, superpuestos con un cárdigan o una chaqueta sin estructura.

Zapatillas de cuero o mocasines completan el conjunto. Este estilo encaja en lugares de trabajo modernos que valoran la adaptabilidad y el estilo personal.

Inspiración Glam de Pasarela

La elegancia futurista mezcla innovación y sofisticación. Chaquetas entalladas en tejidos metálicos o iridiscentes, pantalones ajustados y sutiles detalles geométricos crean una estética elegante y vanguardista.

Los accesorios se mantienen mínimos para dejar que la estructura y el tejido destaquen.

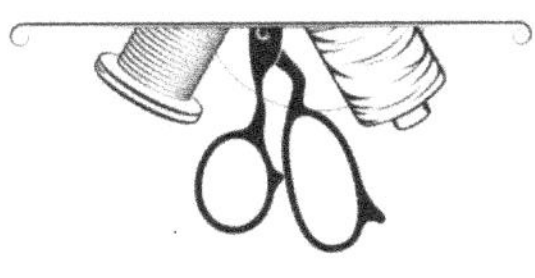

Guía de práctica y notas de moda

La proporción es clave en la sastrería masculina. Usa esta página para practicar el equilibrio entre hombros, cintura y longitud de las piernas.

Cómo usar esta página:

- Concéntrate en chaquetas, pantalones y proporciones corporales.
- Prueba cortes ajustados vs. relajados.
- Escribe notas sobre qué se ve más natural.

Reflexión y notas:

- ¿Qué proporción funcionó mejor?
- ¿El conjunto se veía equilibrado?
- ¿Qué ajustaría en futuros bocetos?

Consejo profesional: *Las proporciones fuertes hacen que los diseños sean atemporales.*

____

____

____

____

____

____

____

Inspiración de Conjunto: Estilo Urbano (Streetwear)

Estilo de la Cultura Skate

El skateboarding ha influido en el streetwear durante décadas, dando origen a camisetas amplias, jeans anchos y zapatillas prácticas como las de skate.

Las camisas de franela atadas a la cintura o llevadas sobre las camisetas añaden una capa extra de frescura relajada. Este estilo encarna rebeldía, independencia y creatividad.

Lo que hace icónico al streetwear skater es su autenticidad: la ropa se usa por movimiento y función, pero también tiene un peso cultural. Es tanto un estilo de vida como una estética.

Consejo profesional: *Mantén los accesorios al mínimo -una gorra, una muñequera o una mochila son suficientes-.*
La vibra relajada funciona mejor cuando parece natural y sin esfuerzo.

Tendencias

Inspiración

Textiles

Notas

Detalles

Muestras

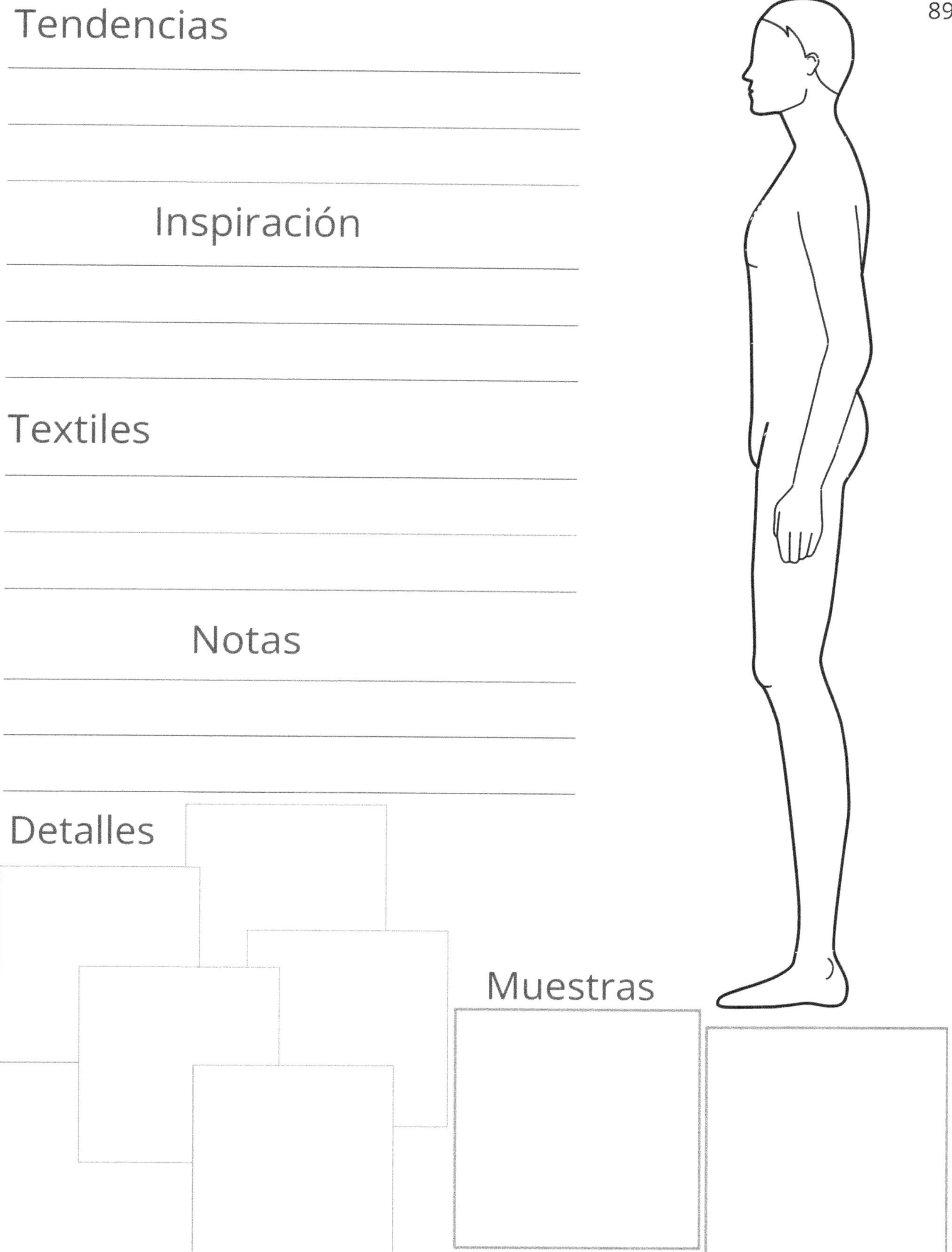

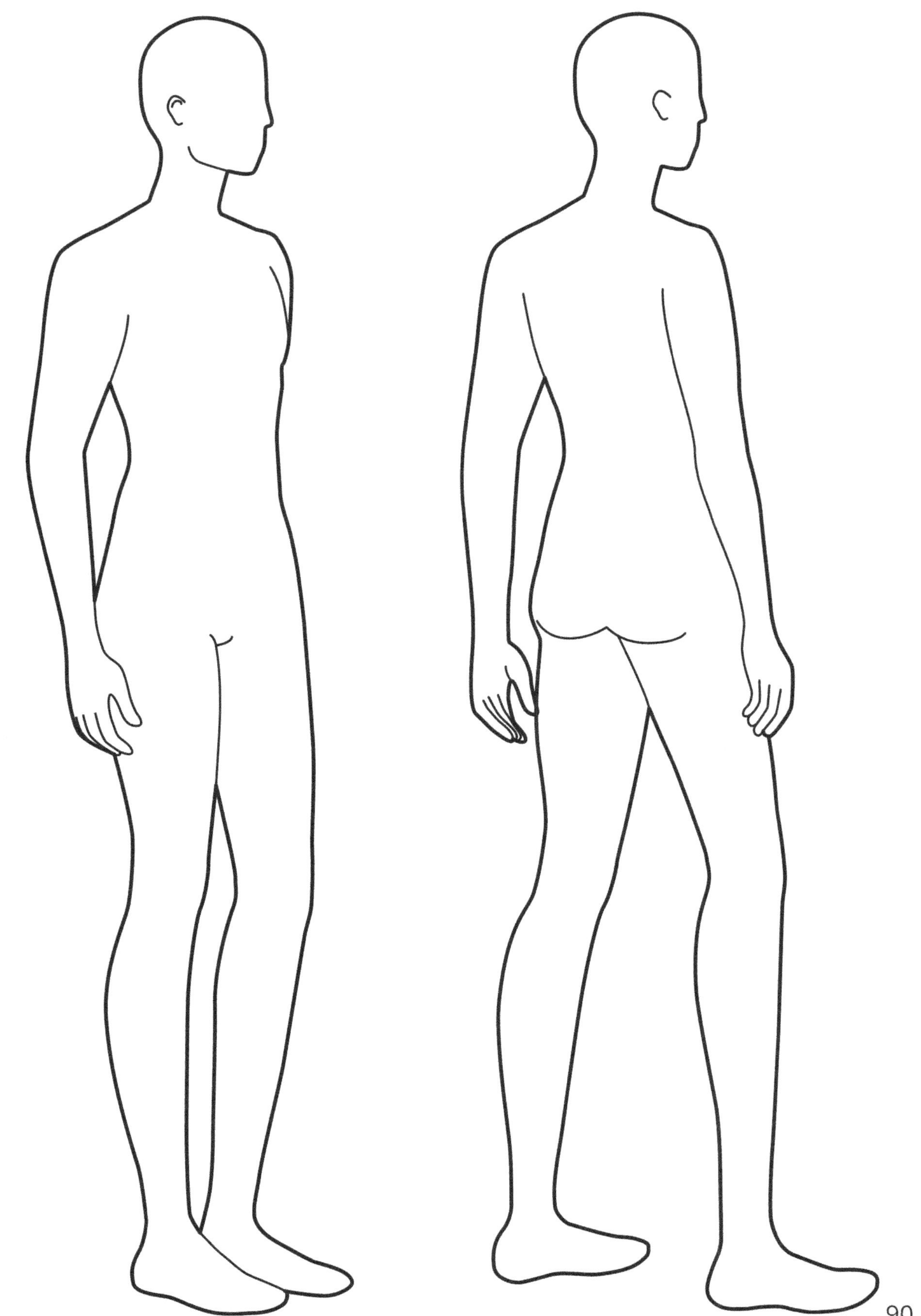

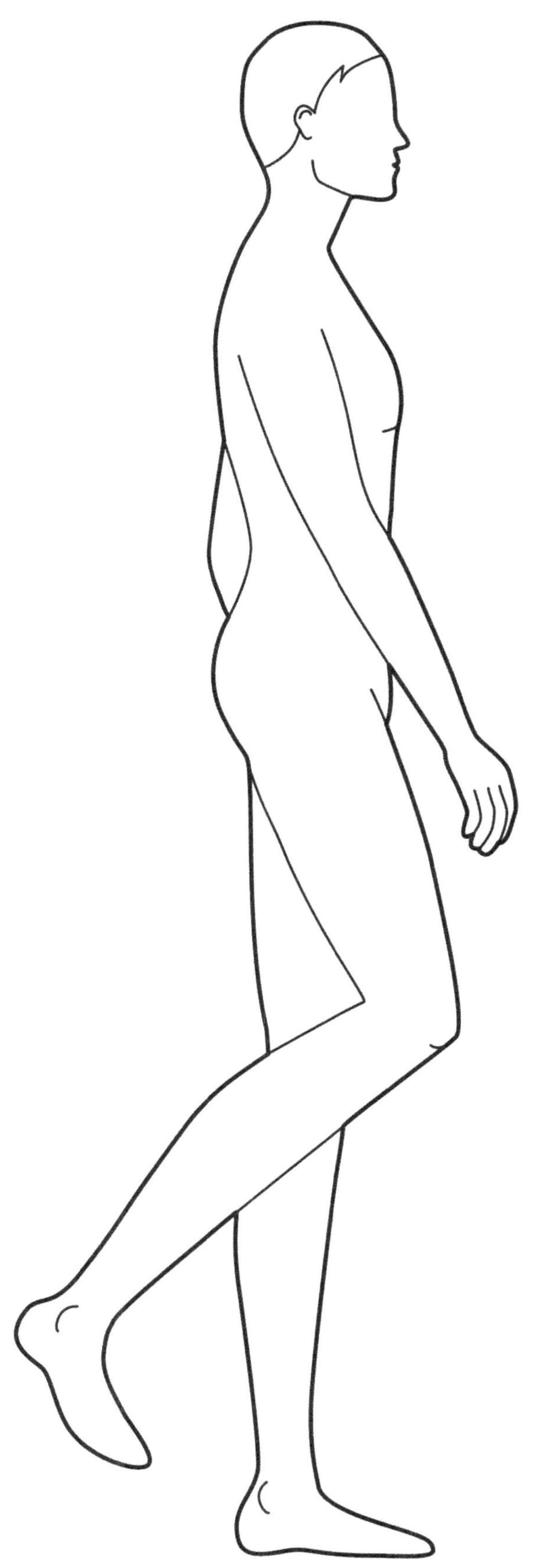
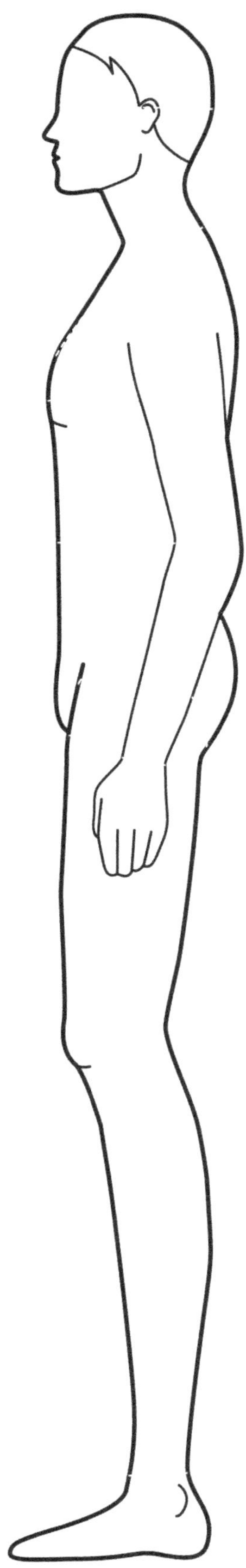

Tus notas y fotos de inspiración

Esta página es tu tablero personal de inspiración. Úsala para documentar tus experimentos de estilo, guardar ideas y seguir tu evolución como diseñador.

- Pega recortes de revistas, muestras de tela o bocetos de outfits.
- Escribe lo que funcionó, lo que mejorarías y cómo imaginas la prenda terminada.
- Observa los patrones o formas que se repiten en tu estilo.

Consejo profesional*: Las mejores colecciones nacen de ideas pequeñas. Guarda todo lo que te inspire: puede convertirse en el inicio de tu próximo gran diseño.*

Inspiración de Conjunto:
Office Chic y Glam de Pasarela

Superposición Moderna + Brillo de Festival

Inspiración de Oficina Elegante

Las capas aportan versatilidad y carácter. Un chaleco bajo una chaqueta, un suéter de cuello alto bajo una camisa o una prenda ligera sobre una camisa de vestir añaden profundidad. Elegir texturas complementarias, como lana y algodón, eleva el estilo.

Inspiración Glam de Pasarela

El glam de festival para hombres brilla con energía y audacia. Chaquetas con lentejuelas, bordados o pantalones metálicos irradian vitalidad. El uso de colores vibrantes y accesorios llamativos, como cinturones decorados o sombreros únicos, celebra la individualidad.

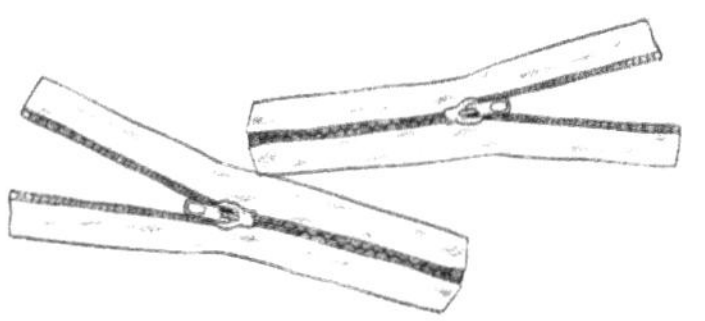

Guía de práctica y notas de moda

 El color define el tono de los conjuntos masculinos: desde neutros suaves hasta declaraciones audaces. Usa esta página para probar paletas.

Cómo usar esta página:
- Dibuja un conjunto base.
- Aplica 2-3 esquemas de color (terrosos, monocromos, brillantes).
- Anota cómo cambia el estado de ánimo con cada uno.

Reflexión y notas:
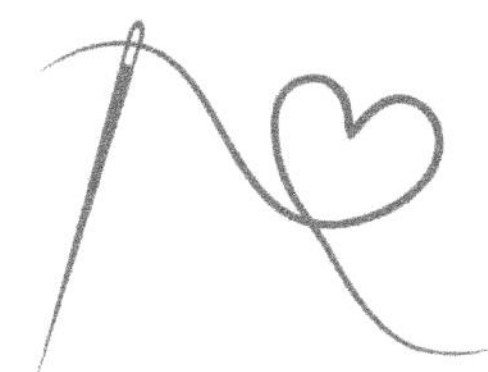
- ¿Qué paleta encajó mejor con el concepto?
- ¿Los colores armonizaron o chocaron?
- ¿Cómo la reutilizaría?

Consejo profesional: *El color es el lenguaje silencioso del estilo.*

____

____

____

____

____

____

____

____

Inspiración de Conjunto: Estilo Urbano (Streetwear)

Streetwear Tecnológico (Techwear)

El techwear es futurista, funcional y vanguardista. Piensa en tejidos impermeables, correas ajustables, cremalleras ocultas y bolsillos superpuestos.

Los conjuntos suelen parecer tácticos, pero con una silueta moderna y pulida. Negro y gris dominan la paleta, con toques de neón para acentuar.

Este estilo hace una declaración fuerte, ideal para quienes ven la moda como equipamiento de rendimiento. No se trata de mezclarse, sino de destacar con propósito.

Consejo profesional: *Empieza con una base negra (pantalones cargo + chaqueta utilitaria) y añade un detalle funcional (bolso cruzado o correa neón). Mantiene el look moderno sin exagerar.*

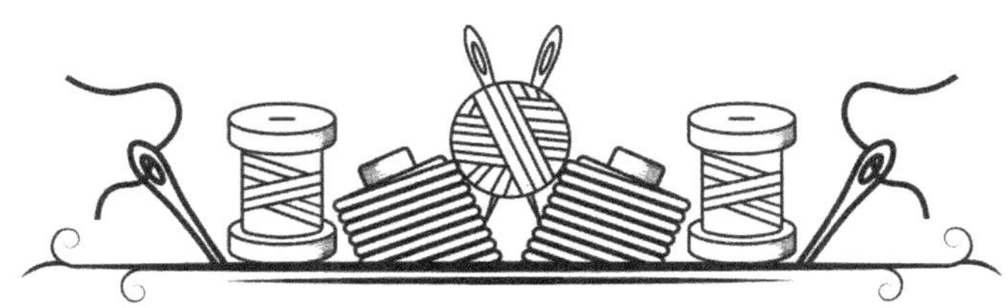

Tendencias

Inspiración

Textiles

Notas

Detalles

Muestras

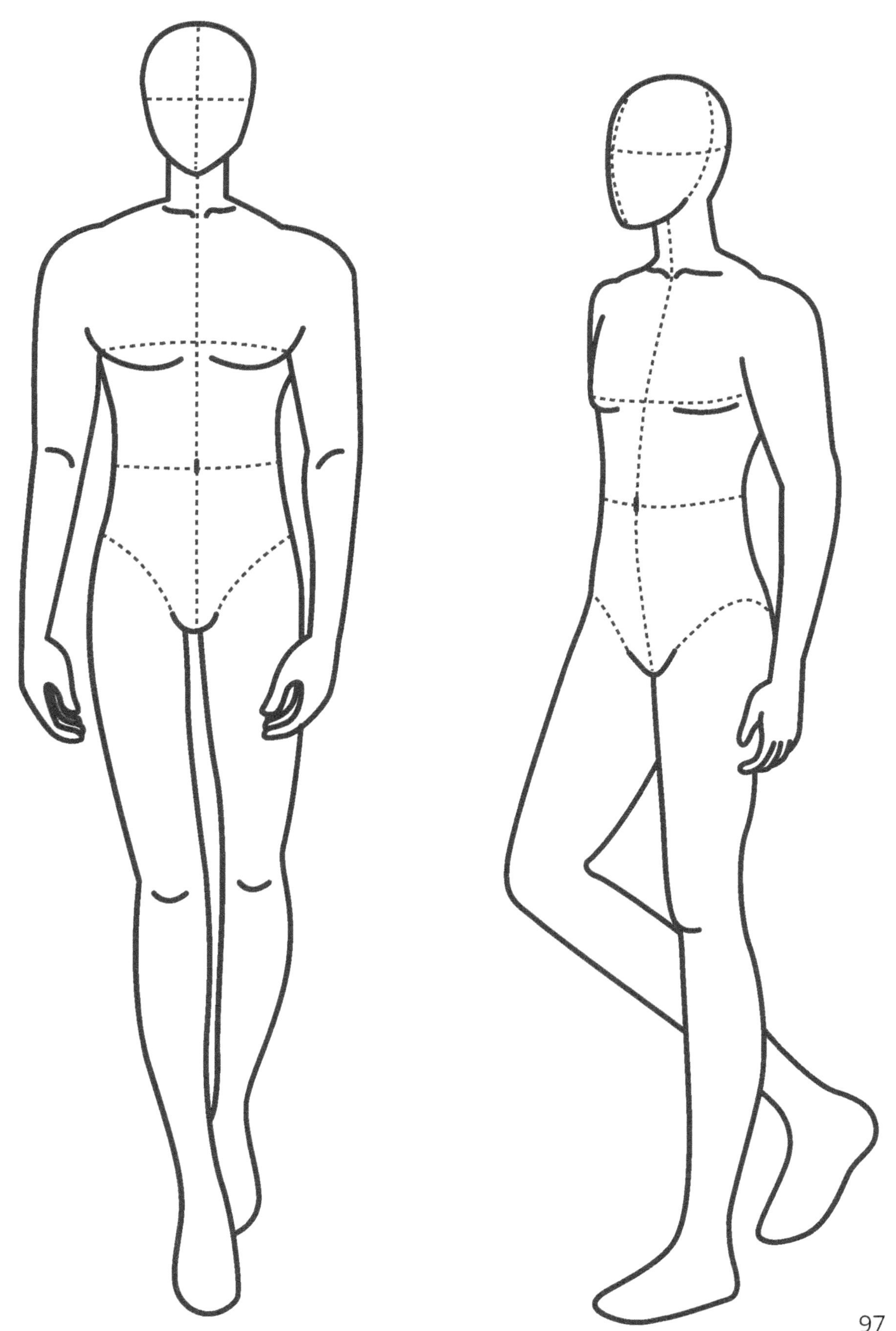

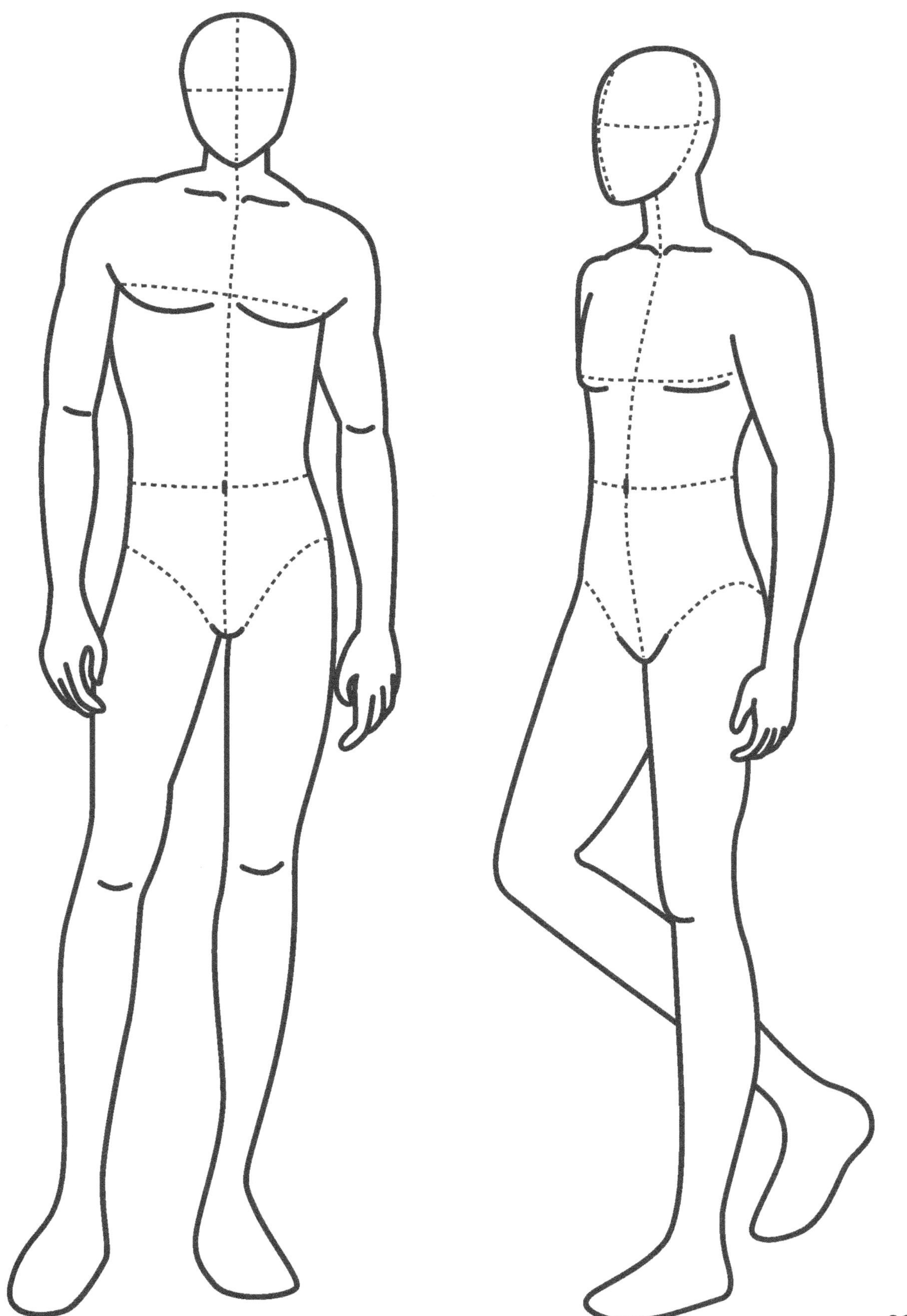

Tus notas y fotos de inspiración

Esta página es tu tablero personal de inspiración. Úsala para documentar tus experimentos de estilo, guardar ideas y seguir tu evolución como diseñador.

- Pega recortes de revistas, muestras de tela o bocetos de outfits.
- Escribe lo que funcionó, lo que mejorarías y cómo imaginas la prenda terminada.
- Observa los patrones o formas que se repiten en tu estilo.

Consejo profesional: *Las mejores colecciones nacen de ideas pequeñas. Guarda todo lo que te inspire: puede convertirse en el inicio de tu próximo gran diseño.*

Inspiración de Conjunto: Office Chic y Glam de Pasarela

Uniforme de Oficina Elegante + Alta Costura Sostenible

Inspiración de Oficina Elegante

Algunos entornos laborales prefieren un enfoque uniforme: pantalones a medida, camisa neutra y chaqueta estructurada.

Con buenos tejidos y sastrería precisa, esta simplicidad se convierte en elegancia. Accesorios sutiles, como corbatas delgadas o zapatos de cuero, mantienen el equilibrio refinado.

Inspiración Glam de Pasarela

La alta costura sostenible destaca la artesanía con conciencia ecológica. Tejidos reciclados, tintes naturales y diseños de bajo desperdicio reflejan innovación y respeto por el planeta. Abrigos largos o conjuntos en capas comunican responsabilidad y estilo.

Guía de práctica y notas de moda

Piensa en colecciones, no solo en conjuntos individuales. La moda masculina gana fuerza cuando las piezas se conectan entre sí.

Cómo usar esta página:

- Crea 2-3 variaciones del mismo tema.
- Mantén un detalle unificador (color, textura, silueta).
- Anota cómo se relacionan entre sí.

Reflexión y notas:

- ¿Las piezas se veían coherentes?
- ¿Cuál destacó más?
- ¿Cómo podría mejorar la armonía?

Consejo profesional: *La coherencia construye colecciones masculinas sólidas.*

Inspiración de Conjunto: Estilo Urbano (Streetwear)

Streetwear Minimalista

El streetwear minimalista reduce la moda a lo esencial. Líneas limpias, colores neutros y ausencia de logotipos definen este look.

Piensa en joggers ajustados, sudaderas lisas y zapatillas blancas impecables.

El foco está en el ajuste y la calidad del tejido, no en el exceso de detalles.

Este estilo funciona en casi cualquier situación -desde días casuales hasta entornos semi-profesionales- porque evita la exageración mientras mantiene el carácter urbano.

Consejo profesional: *Invierte en básicos de calidad. Una sudadera bien cortada o unas zapatillas premium pueden transformar un conjunto simple en algo refinado.*

Tendencias

Inspiración

Textiles

Notas

Detalles

Muestras

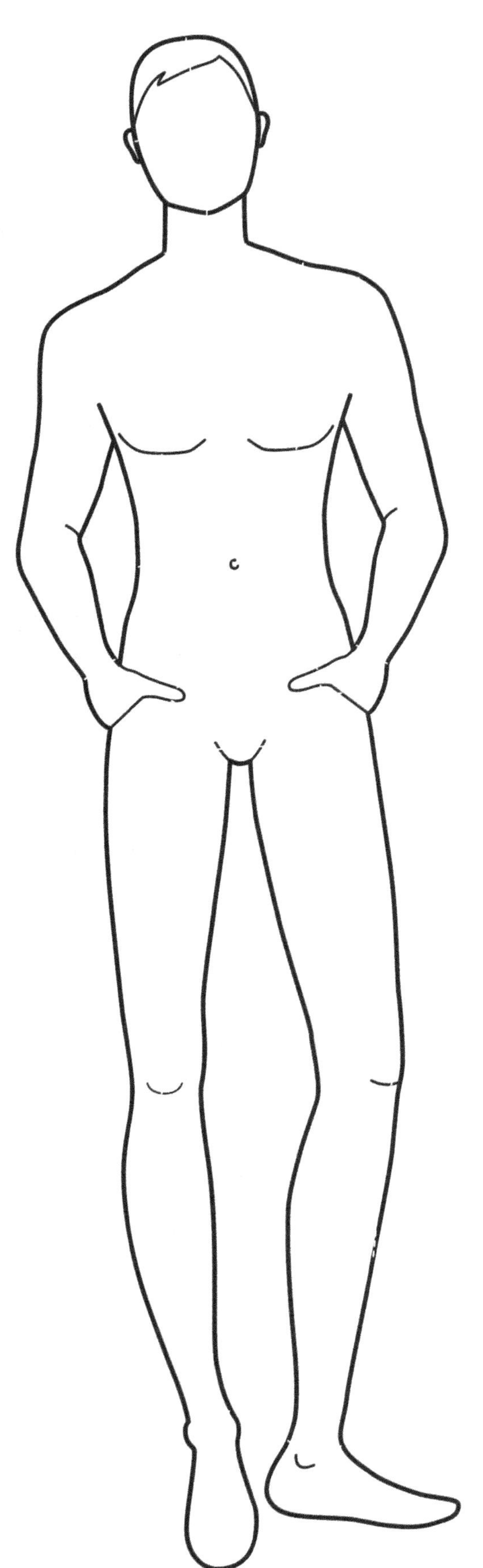
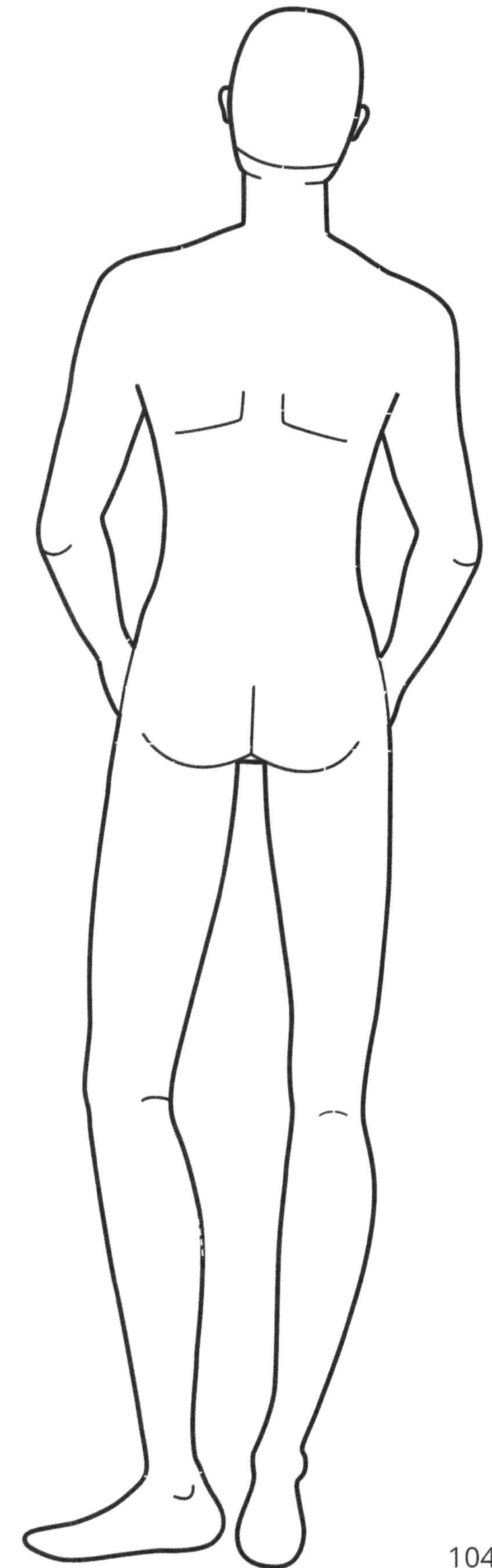

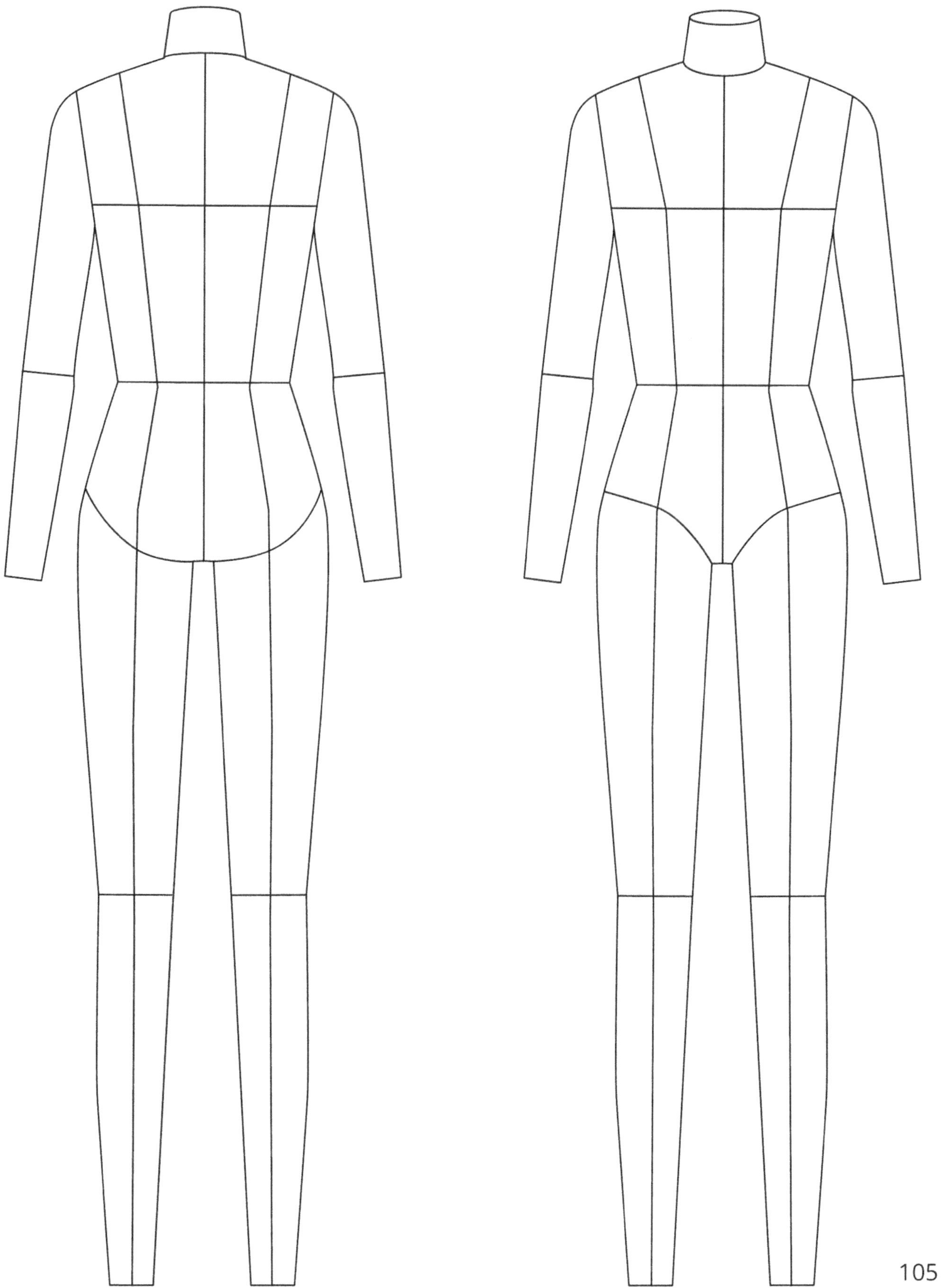

Tus notas y fotos de inspiración

Esta página es tu tablero personal de inspiración. Úsala para documentar tus experimentos de estilo, guardar ideas y seguir tu evolución como diseñador.

- Pega recortes de revistas, muestras de tela o bocetos de outfits.
- Escribe lo que funcionó, lo que mejorarías y cómo imaginas la prenda terminada.
- Observa los patrones o formas que se repiten en tu estilo.

Consejo profesional*: Las mejores colecciones nacen de ideas pequeñas. Guarda todo lo que te inspire: puede convertirse en el inicio de tu próximo gran diseño.*

Inspiración de Conjunto: Office Chic y Glam de Pasarela

Profesional Adaptado a Tendencias + Pieza Futurista de Pasarela

Inspiración de Oficina Elegante

Los hombres pueden incorporar tendencias sutiles sin perder profesionalismo. Pantalones recortados con mocasines o tonos pastel combinados con neutros mantienen los conjuntos actuales. Accesorios como mochilas delgadas o gafas modernas aportan elegancia funcional.

Inspiración Glam de Pasarela

Las piezas futuristas de pasarela exigen atención. Chaquetas esculturales, detalles luminosos o tejidos reflectantes redefinen la moda masculina moderna. El calzado puede incluir suelas exageradas o acabados metálicos, difuminando la línea entre arte y vestimenta.

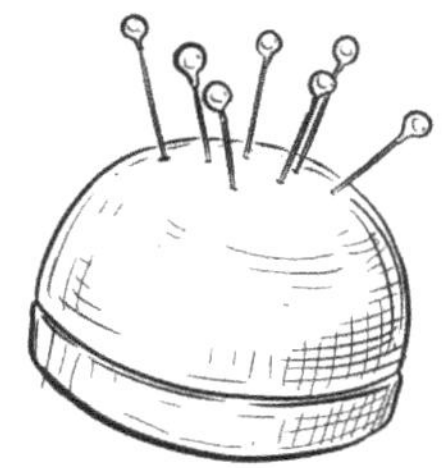

Guía de práctica y notas de moda

El minimalismo tiene un poder especial en la moda masculina. Las líneas limpias y los detalles sutiles suelen hablar más que el exceso.

Cómo usar esta página:
- Diseña con un máximo de 3 elementos.
- Concéntrate en la silueta y el ajuste.
- Escribe cómo la simplicidad cambió la sensación general.

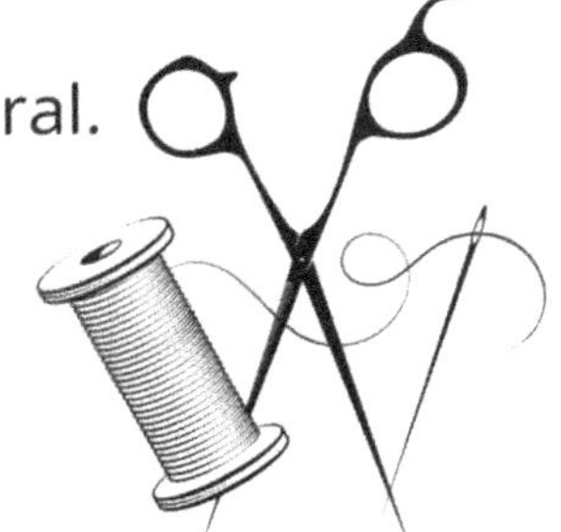

Reflexión y notas:
- ¿La simplicidad lo fortaleció?
- ¿Qué elemento definió el conjunto?
- ¿Qué ajustaría?

Consejo profesional: El minimalismo permite que la estructura y la forma brillen.

Inspiración de Conjunto: Estilo Urbano (Streetwear)

Streetwear en Capas (Layered Streetwear)

Superponer prendas convierte los básicos en algo dinámico.

Una camiseta bajo una sudadera con capucha, combinada con una chaqueta bomber o de mezclilla, crea profundidad al instante.

Mezclar tejidos -algodón, denim, nailon- aporta dimensión y textura.

La clave está en el equilibrio: demasiadas capas voluminosas pueden sobrecargar el conjunto, pero 2 o 3 bien elegidas aportan riqueza y flexibilidad.

Consejo profesional: Usa las capas para experimentar con el color. Combina tonos neutros con un toque brillante -por ejemplo, una sudadera neutra bajo una chaqueta colorida- para lograr contraste controlado.

Tendencias

Inspiración

Textiles

Notas

Detalles

Muestras

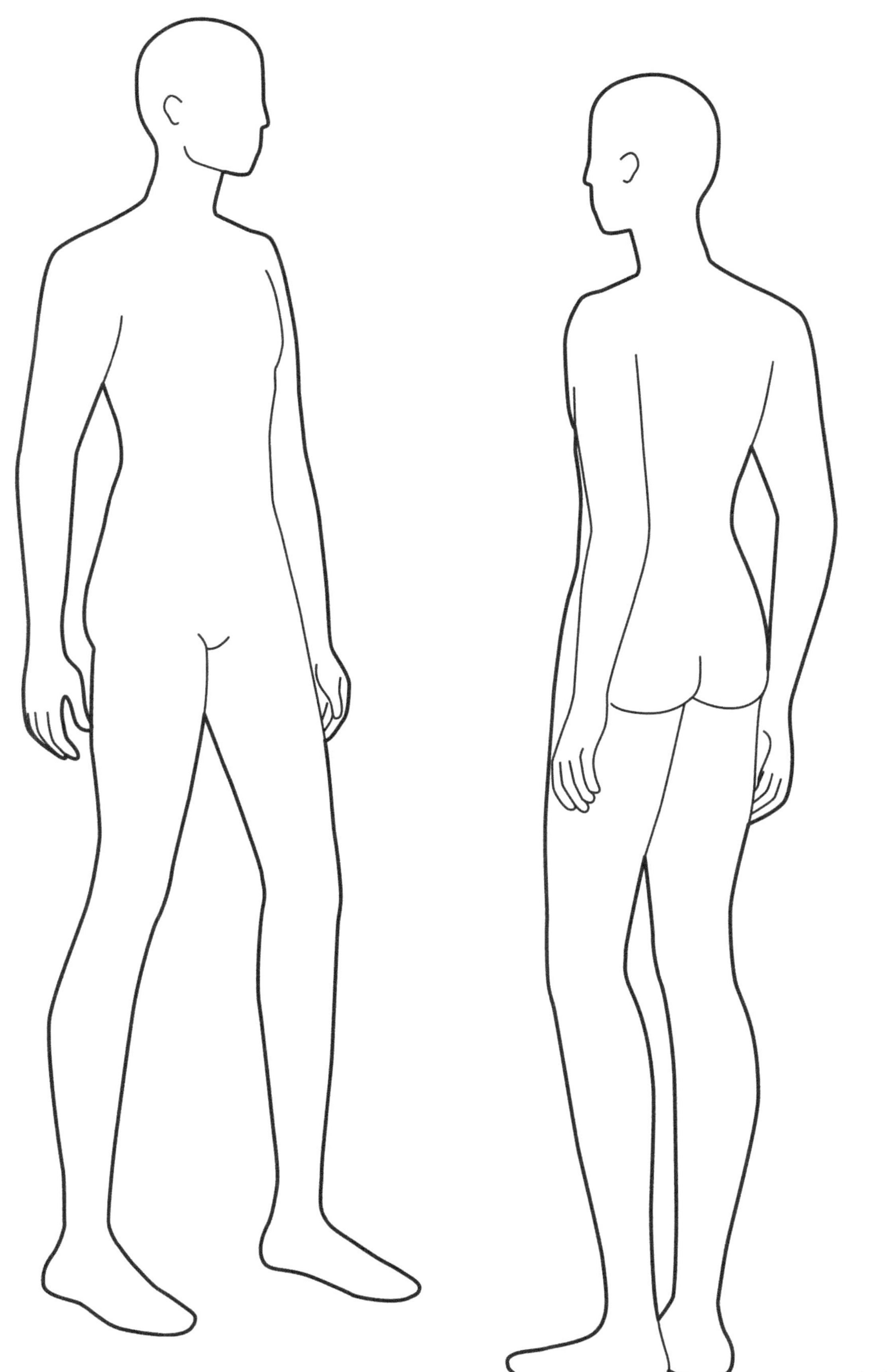

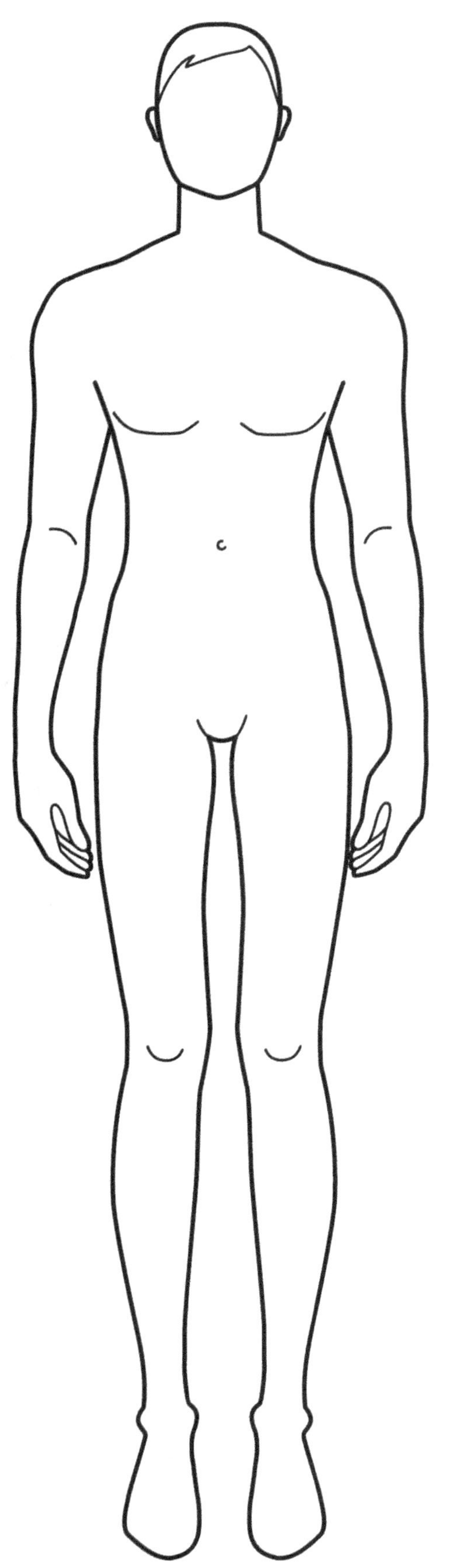
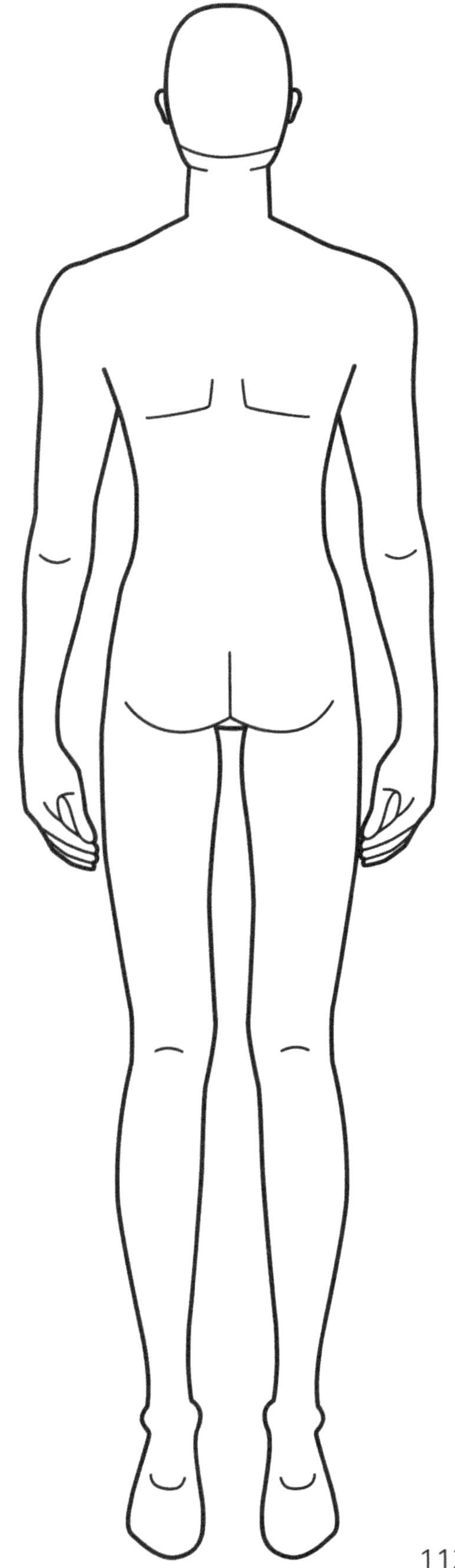

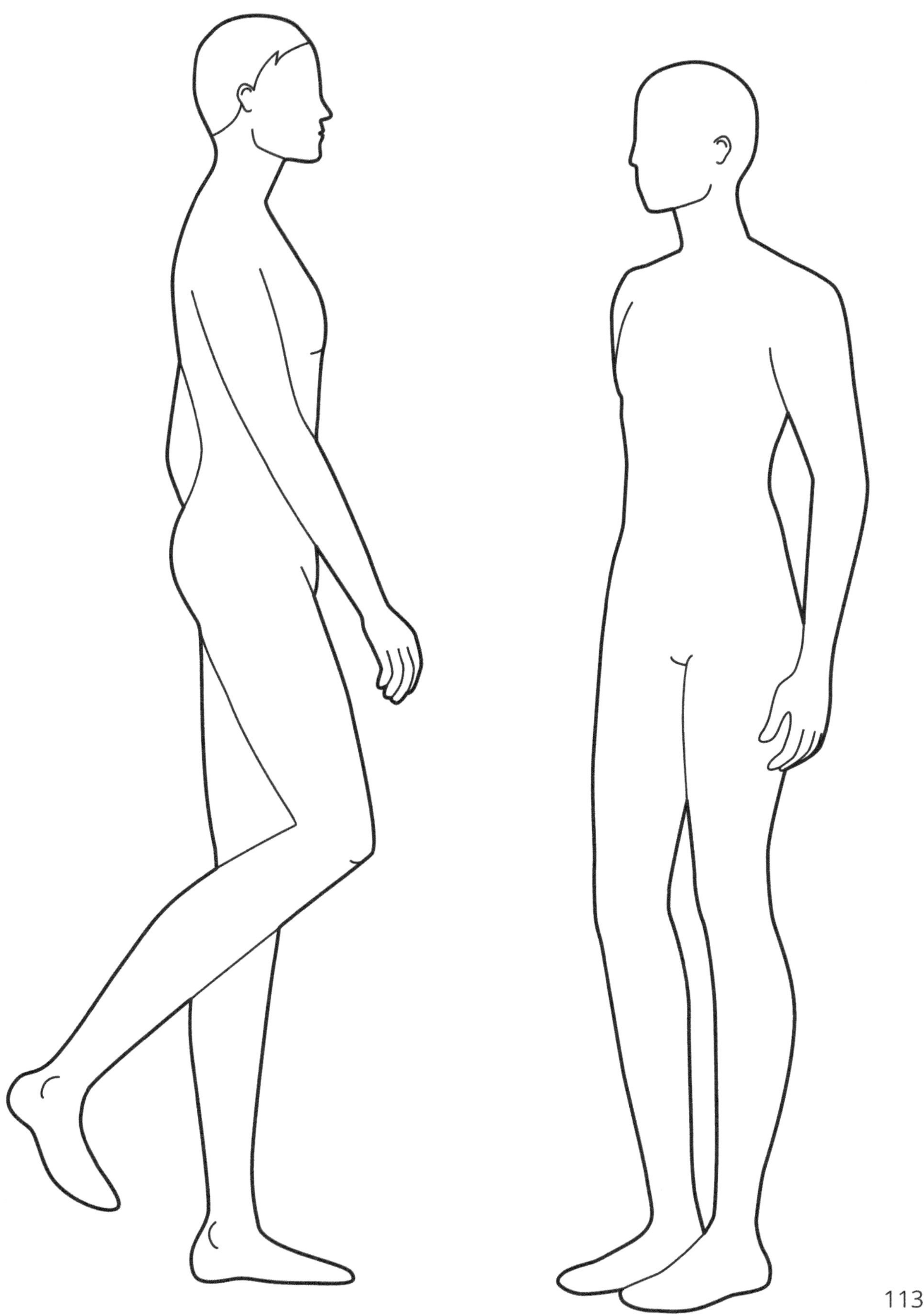

Tus notas y fotos de inspiración

Esta página es tu tablero personal de inspiración. Úsala para documentar tus experimentos de estilo, guardar ideas y seguir tu evolución como diseñador.

- Pega recortes de revistas, muestras de tela o bocetos de outfits.
- Escribe lo que funcionó, lo que mejorarías y cómo imaginas la prenda terminada.
- Observa los patrones o formas que se repiten en tu estilo.

Consejo profesional: *Las mejores colecciones nacen de ideas pequeñas. Guarda todo lo que te inspire: puede convertirse en el inicio de tu próximo gran diseño.*

Inspiración de Conjunto: Office Chic y Glam de Pasarela

Sastrería Relajada + Clásico de Alfombra Roja

Inspiración Office Chic

La sastrería relajada equilibra la comodidad con el estilo. Blazers de estructura suave combinados con pantalones plisados y mocasines proyectan una imagen de naturalidad sin perder profesionalismo. Los tejidos ligeros, como el lino o las mezclas de algodón, se adaptan a distintos climas manteniendo un aire elegante.

Inspiración Glam de Pasarela

El glamour clásico de alfombra roja para hombres gira en torno a esmóquines atemporales o trajes de tres piezas. Chaquetas de terciopelo, solapas de seda y pajaritas enfatizan el lujo. Zapatos pulidos y un arreglo personal impecable completan la estética refinada.

Guía de práctica y notas de moda

Esta página está dedicada a la reflexión y al progreso. Observa tus bocetos anteriores y celebra tu mejora.

Cómo usar esta página:
- Dibuja un conjunto que refleje tu evolución.
- Escribe lo que has aprendido hasta ahora.
- Fija un nuevo reto de diseño para la próxima vez.

Reflexión y Notas:
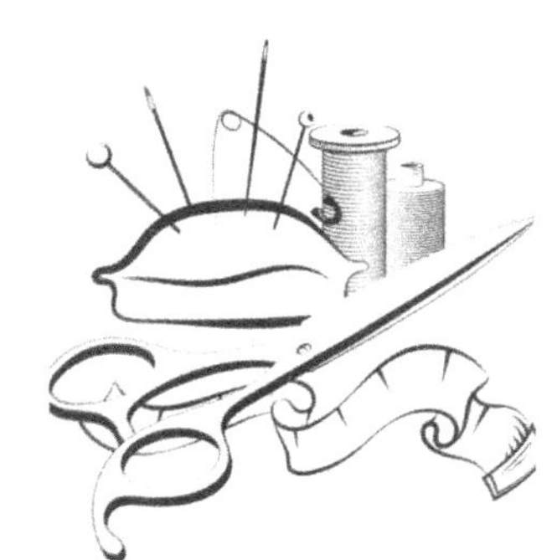
- ¿Qué ha mejorado más?
- ¿Qué técnica necesita más práctica?
- ¿Cuál es mi siguiente objetivo?

Consejo Profesional: *Cada boceto es un hito en tu camino creativo.*

Inspiración de Conjunto: Estilo Urbano (Streetwear)

Estilo Urbano Retro

El streetwear retro se inspira en los años 80 y 90: chaquetas deportivas, cortavientos con bloques de color, zapatillas voluminosas y gorras con visera.

Es nostálgico, pero sigue siendo actual. Los diseños de inspiración vintage conectan el pasado con la escena urbana moderna, creando conjuntos divertidos pero con estilo.

El secreto para lucir un look retro está en la moderación. Mezclar una sola prenda vintage con básicos contemporáneos mantiene la frescura y evita un aspecto disfrazado.

Consejo Profesional: Elige una sola pieza retro destacada -como una chaqueta deportiva llamativa- y mantén el resto del conjunto contemporáneo. Ese equilibrio crea autenticidad con un toque moderno.

Tendencias

Inspiración

Textiles

Notas

Detalles

Muestras

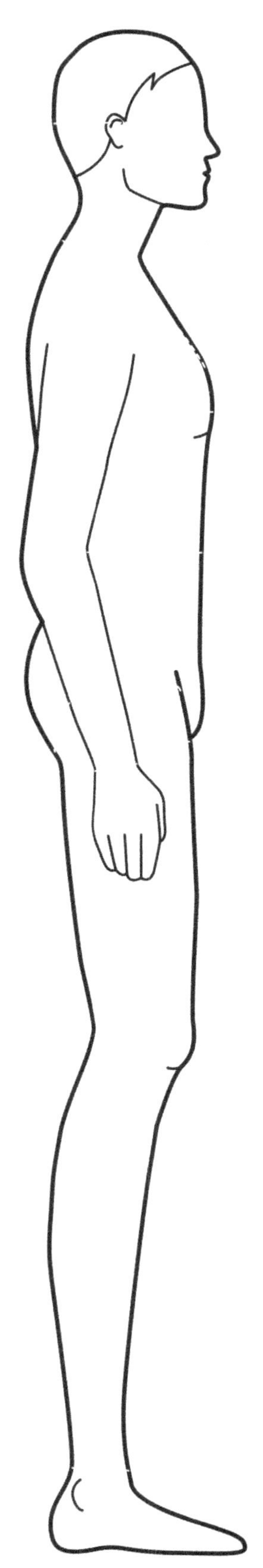
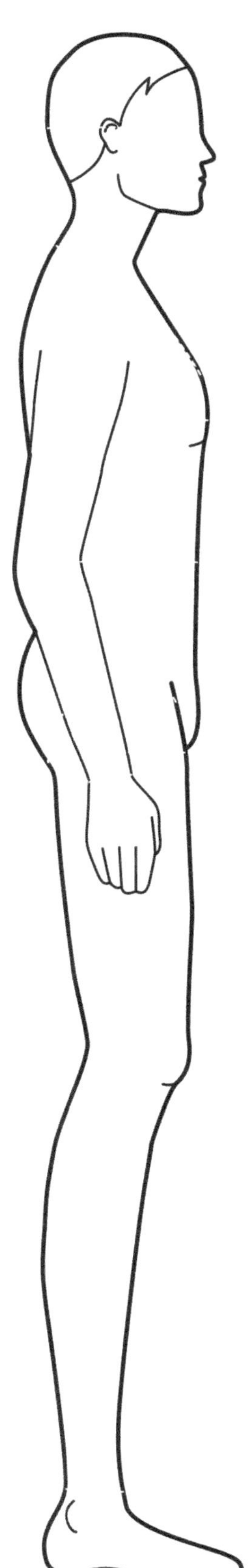

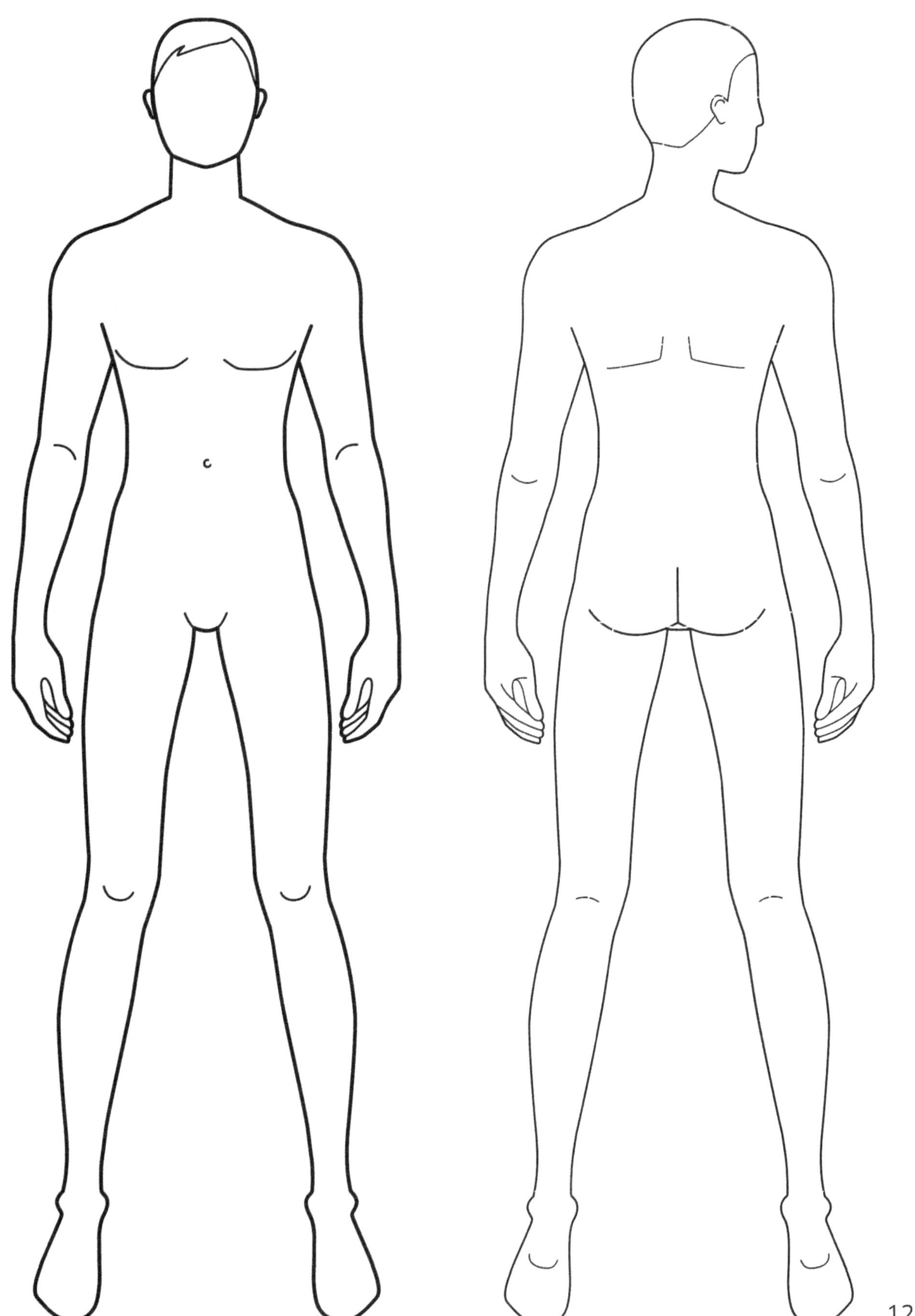

Tus notas y fotos de inspiración

Esta página es tu tablero personal de inspiración. Úsala para documentar tus experimentos de estilo, guardar ideas y seguir tu evolución como diseñador.

- Pega recortes de revistas, muestras de tela o bocetos de outfits.
- Escribe lo que funcionó, lo que mejorarías y cómo imaginas la prenda terminada.
- Observa los patrones o formas que se repiten en tu estilo.

Consejo profesional*: Las mejores colecciones nacen de ideas pequeñas. Guarda todo lo que te inspire: puede convertirse en el inicio de tu próximo gran diseño.*

Inspiración de Conjunto:
Office Chic y Glam de Pasarela

Look de Declaración Audaz + Moda Masculina Vanguardista

Inspiración Office Chic

A veces la ropa de oficina trata de hacer una declaración. Blazers de colores vivos, camisas estampadas o texturas inesperadas elevan los conjuntos diarios. Combinarlos con pantalones neutros equilibra la creatividad con el profesionalismo.

Inspiración Glam de Pasarela

La moda masculina vanguardista explora siluetas dramáticas y tejidos experimentales. Abrigos sobredimensionados, cortes asimétricos o texturas en capas desafían la convención. Estos diseños buscan cautivar al público, fusionando el arte conceptual con la moda.

Tendencias

Inspiración

Textiles

Notas

Detalles

Muestras

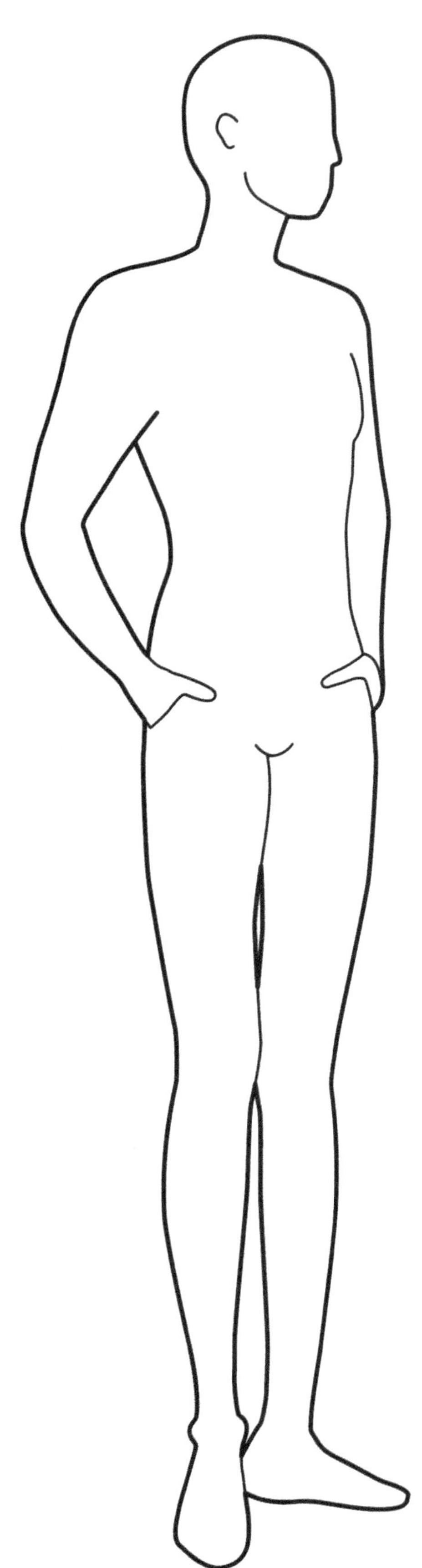
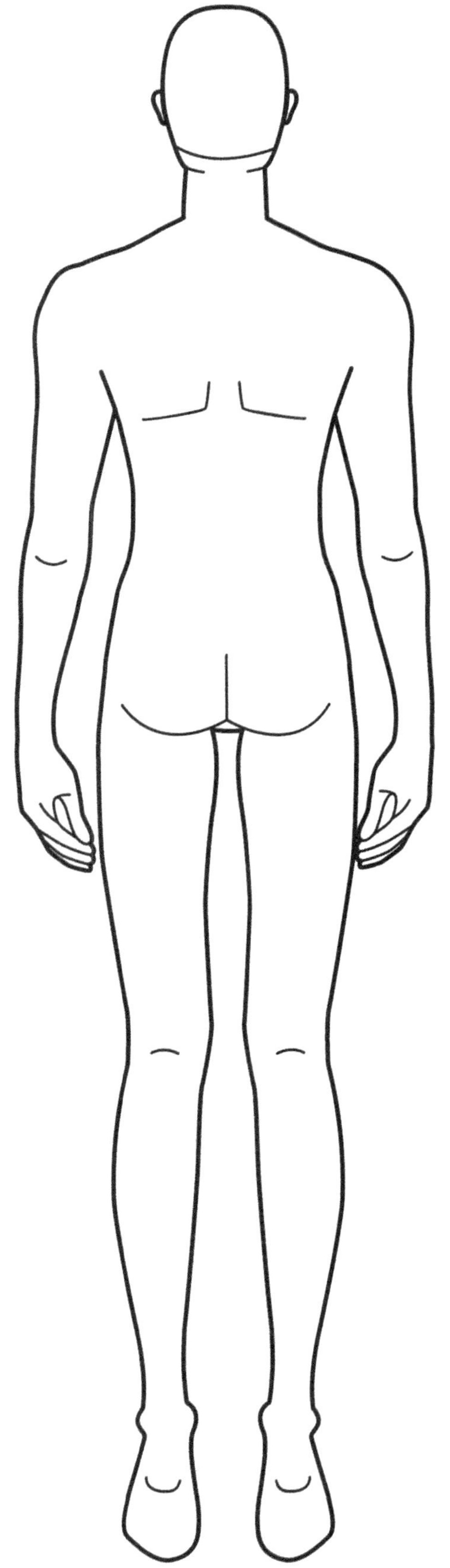

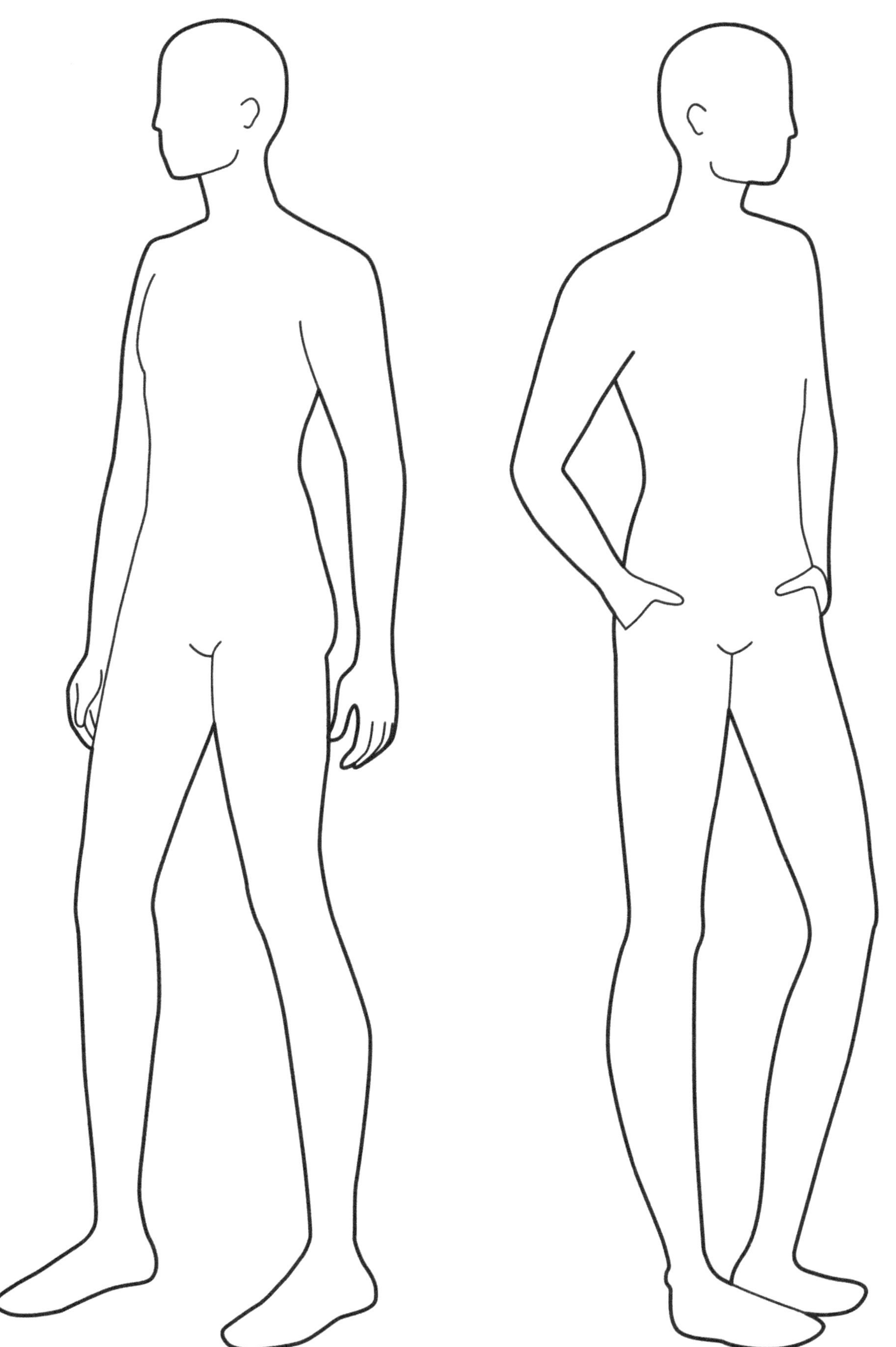

Tendencias

Inspiración

Textiles

Notas

Detalles

Muestras

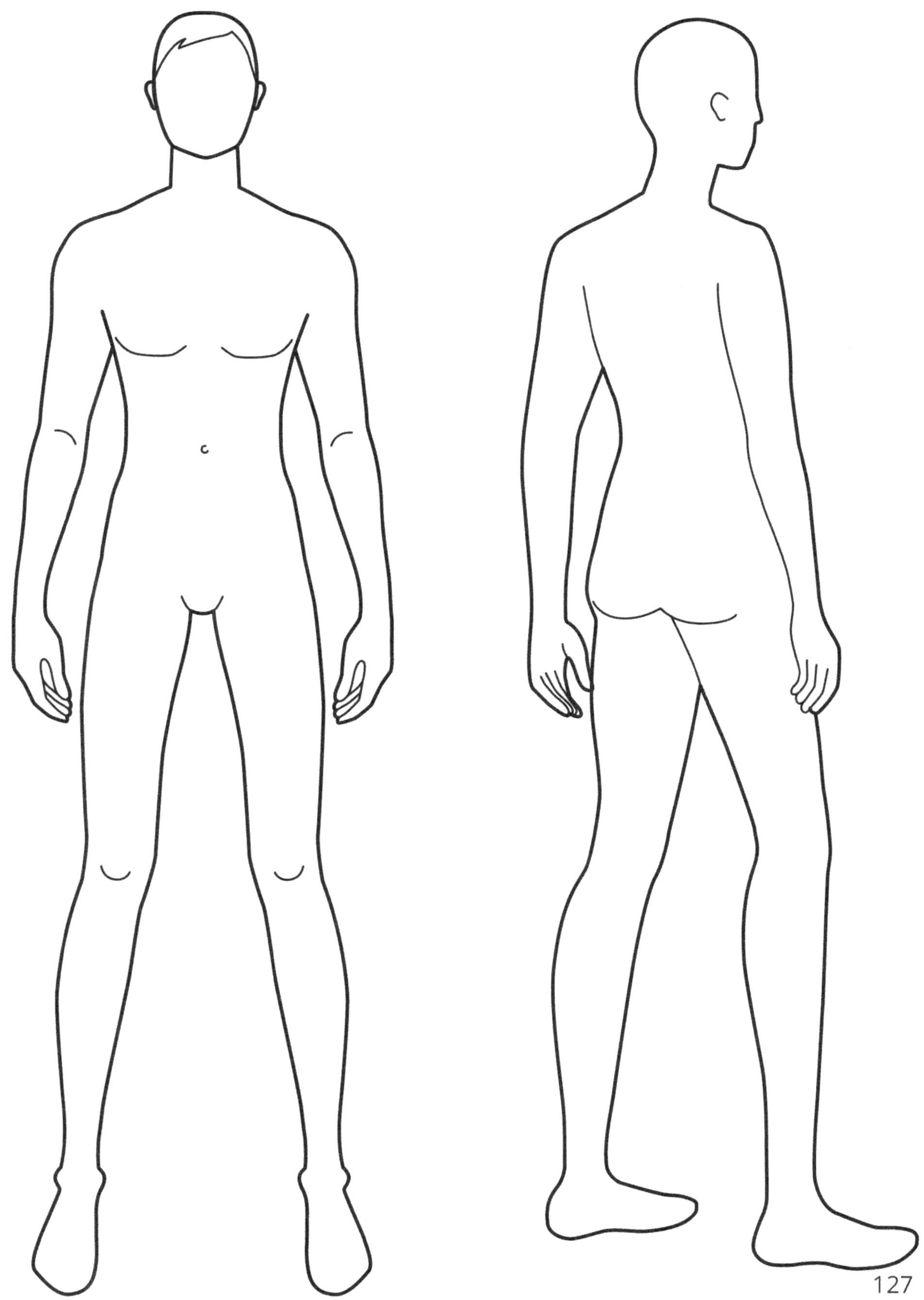

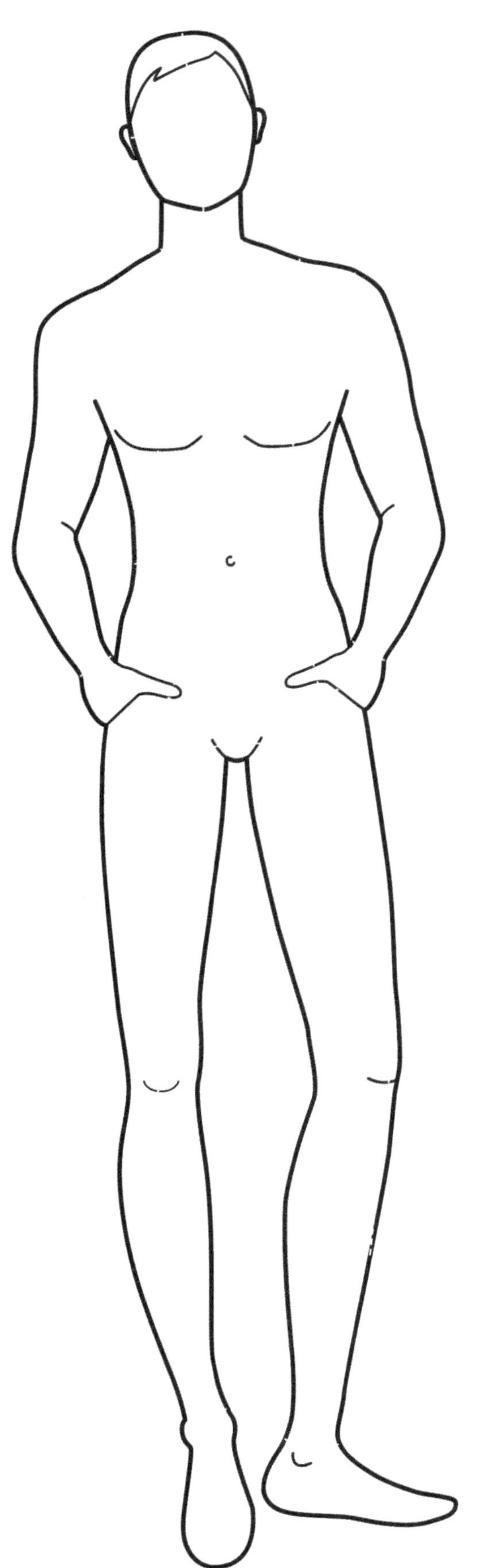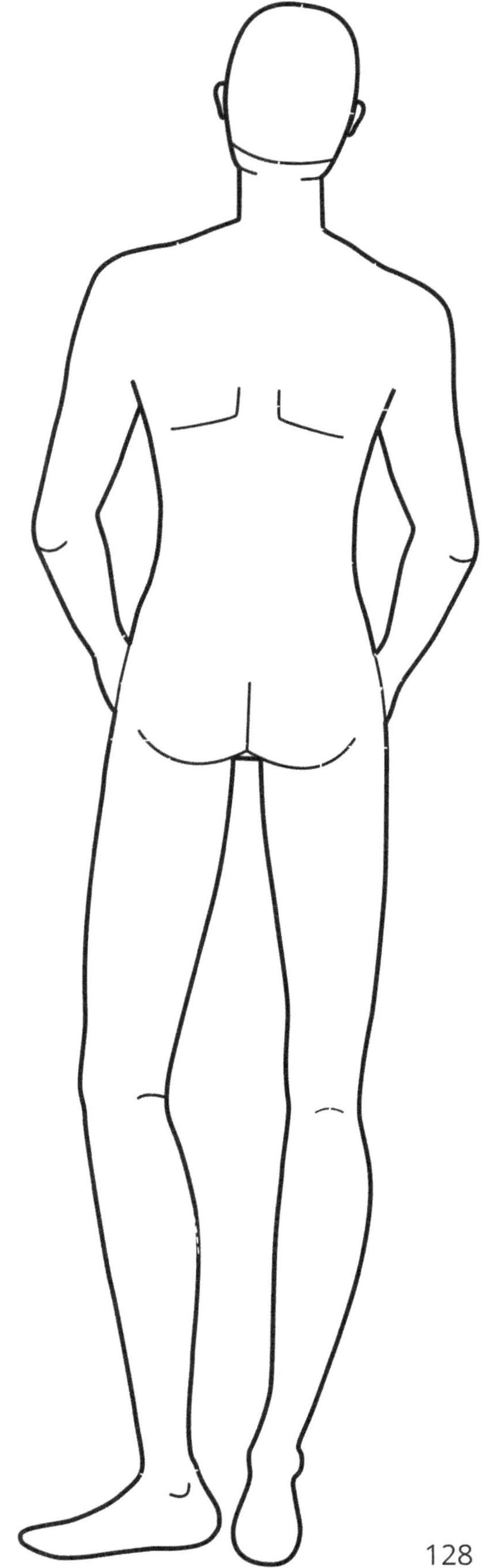

Tendencias

Inspiración

Textiles

Notas

Detalles

Muestras

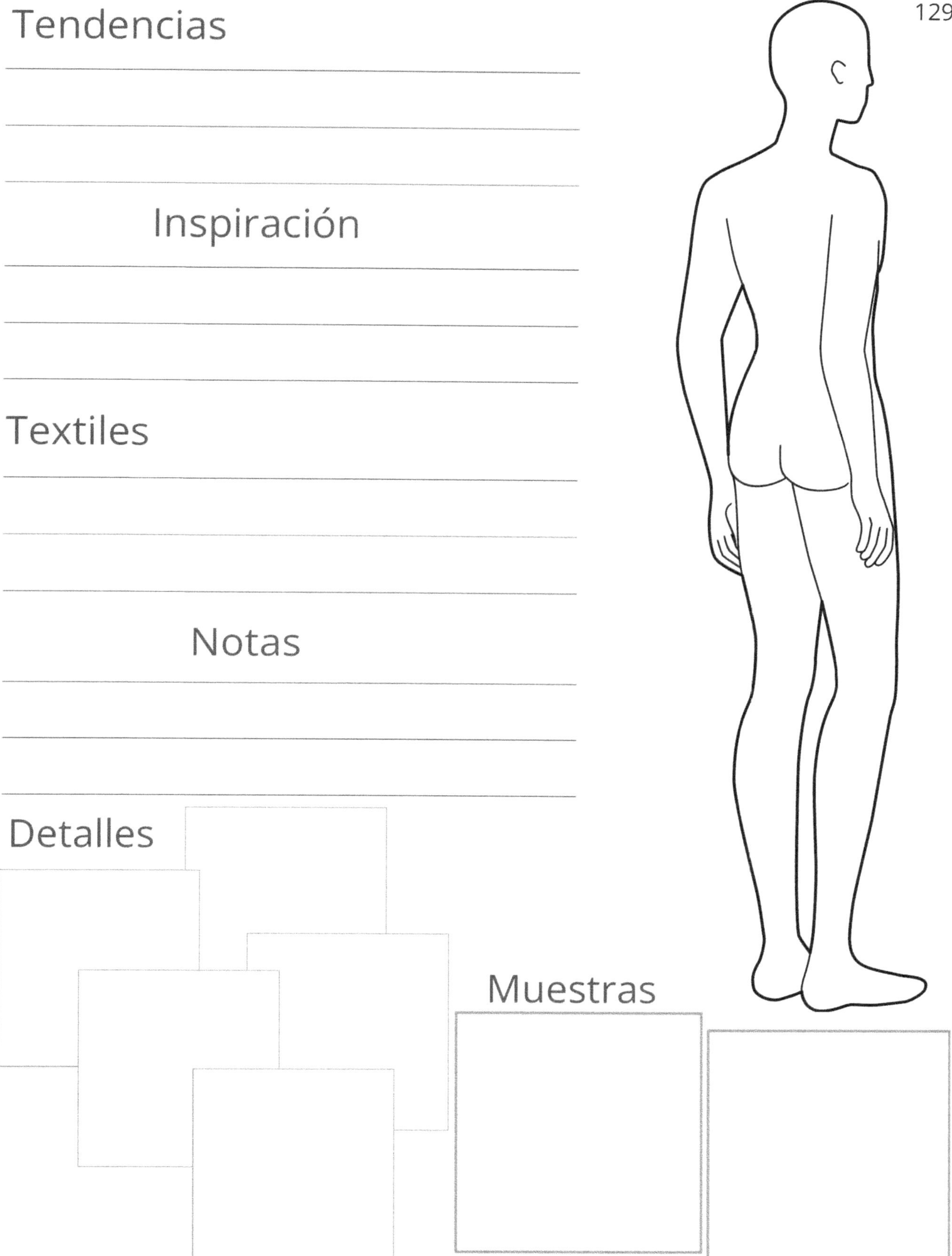

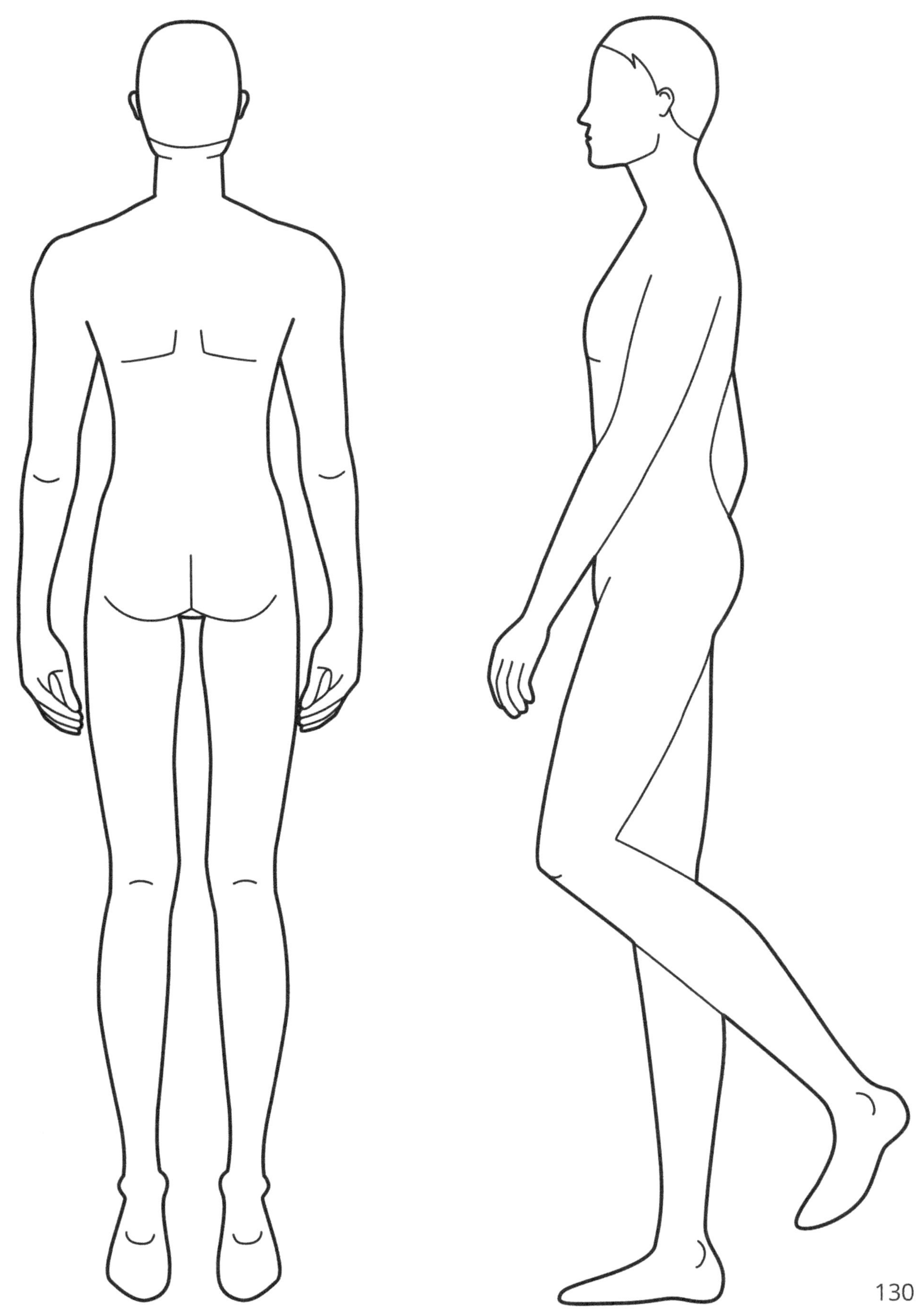

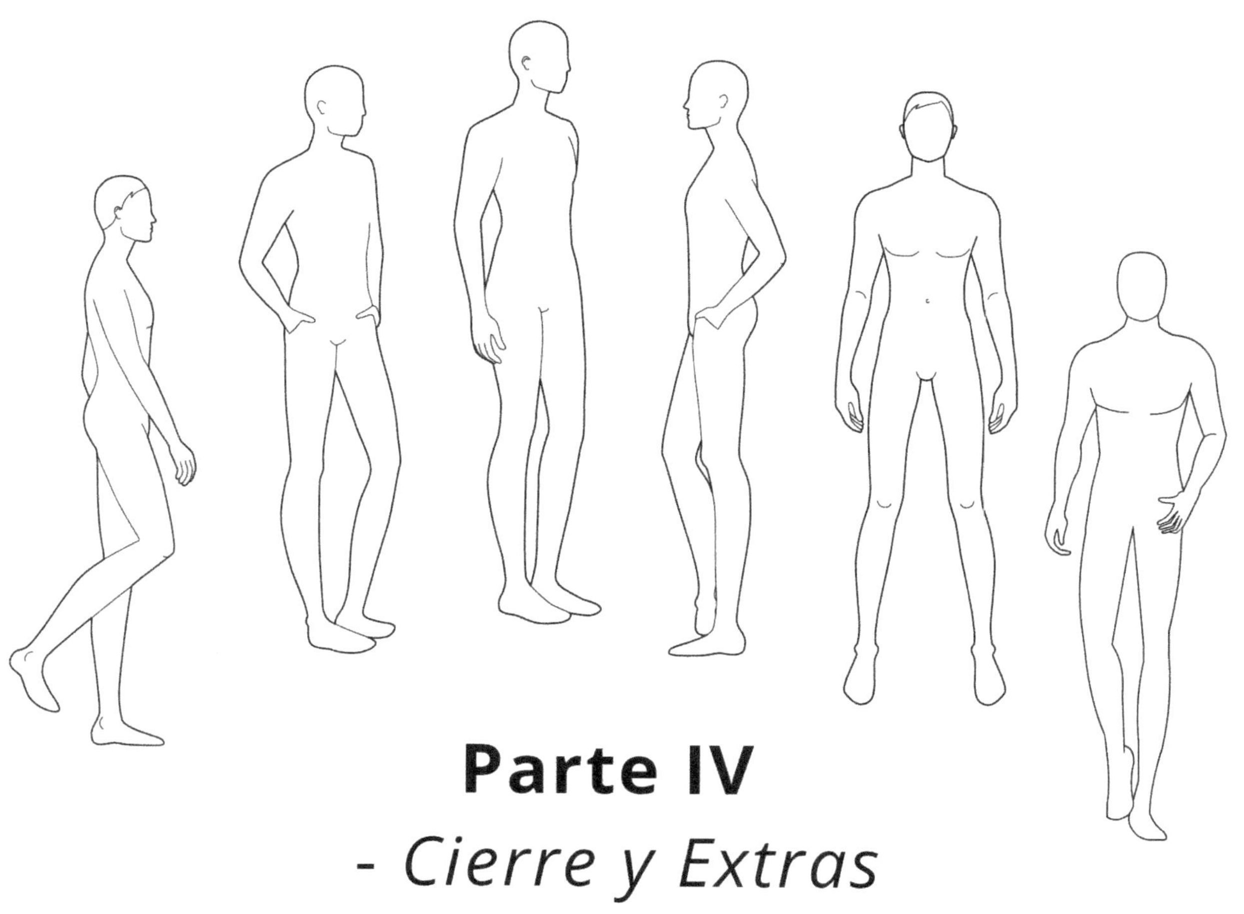

Parte IV
- *Cierre y Extras*

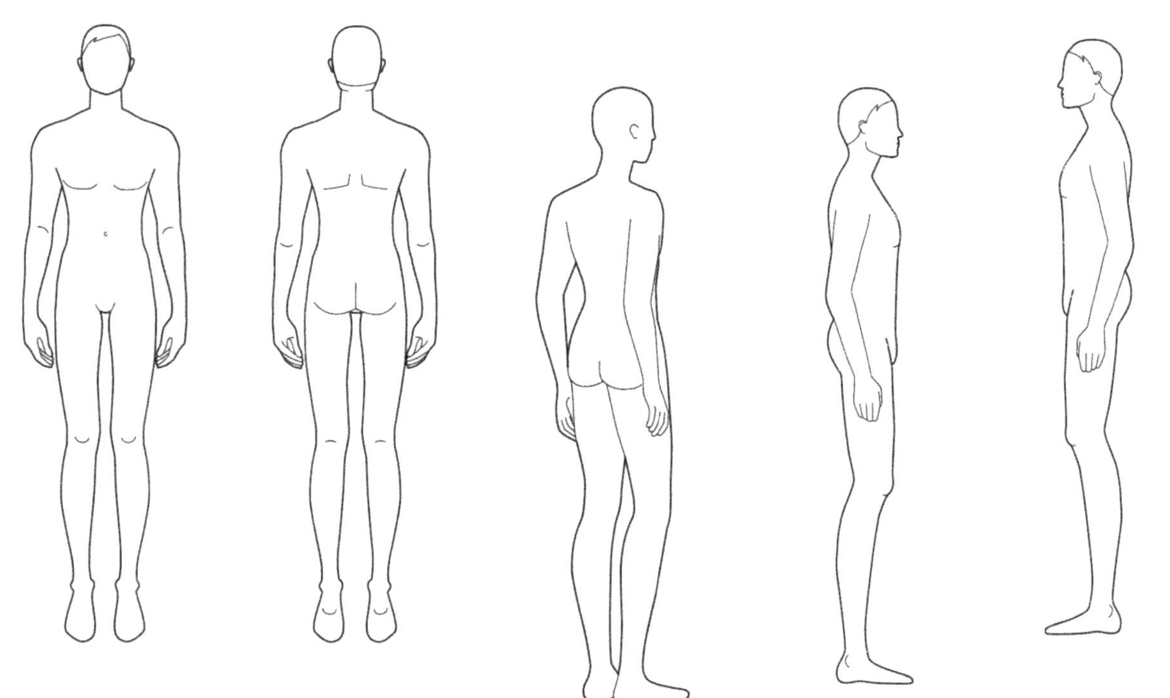

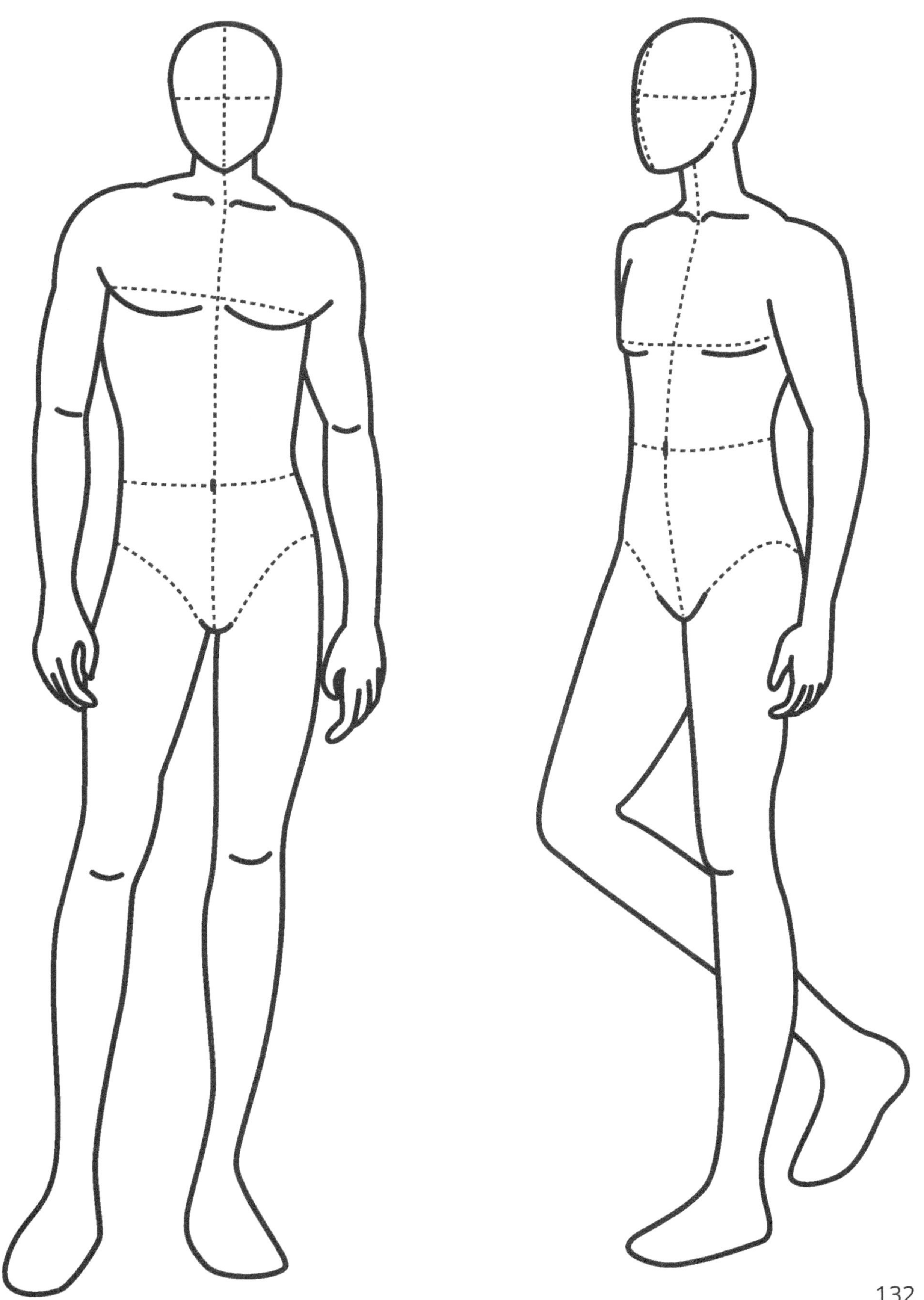

Rediseña una Silueta Clásica

Toma una silueta masculina atemporal -como un traje entallado, una chaqueta bomber o unos jeans- y dale un giro moderno. Mantén la estructura, pero experimenta con el tejido, el color o los detalles.

Indicaciones:
- ¿Qué parte del diseño cambiaste más?
- ¿Lo mantuviste ponible o lo hiciste más artístico?
- ¿Cómo refleja tu rediseño las tendencias actuales?

Consejo Profesional: *"Las actualizaciones modernas dan nueva vida a los clásicos."*

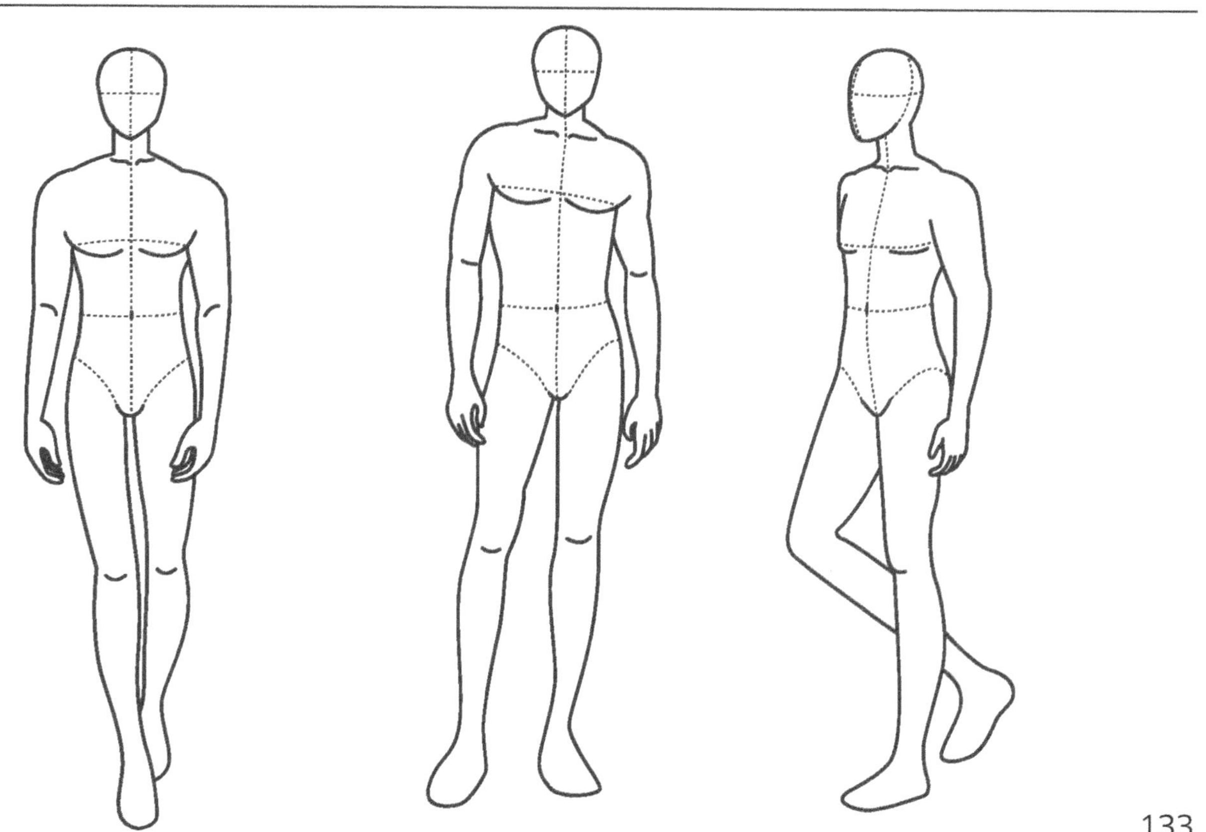

Desafío del Armario Cápsula

Diseña un armario cápsula con 5 conjuntos esenciales para hombre. Enfócate en la versatilidad: cada prenda debe combinar con las demás.

Indicaciones:
- ¿Qué 5 prendas forman la base de tu cápsula?
- ¿Cómo funcionan juntas para cubrir diferentes ocasiones?
- ¿Está bien equilibrado el contraste entre lo casual y lo formal?

Consejo Profesional: *"Menos piezas, más posibilidades."*

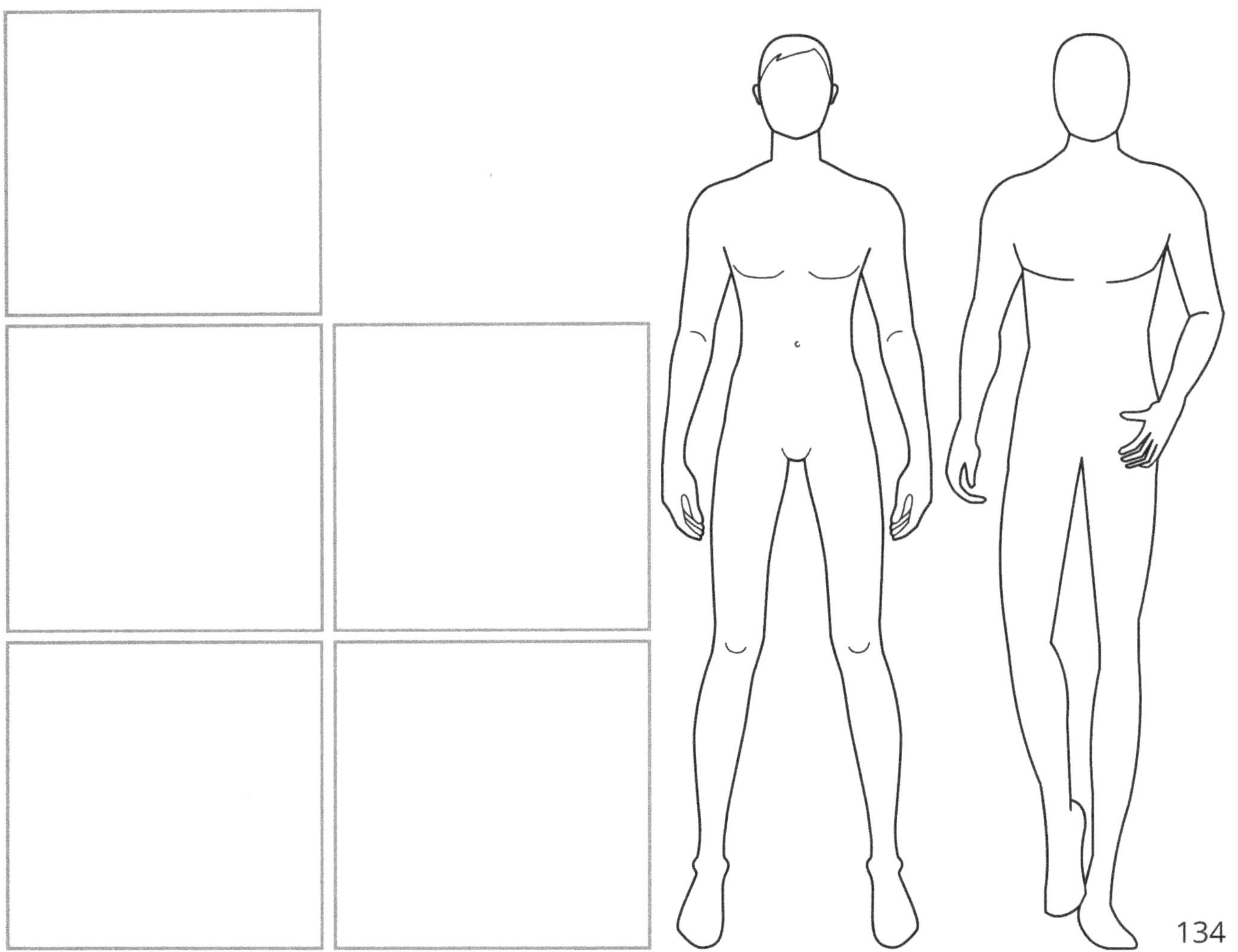

Inspiración Estacional

Elige una estación y crea un conjunto inspirado en ella: la frescura de la primavera, la ligereza del verano, las capas del otoño o la elegancia del invierno.

Indicaciones:

- ¿Qué colores o texturas representan mejor tu estación?
- ¿Cómo influye la funcionalidad (abrigo, comodidad, transpirabilidad) en tu diseño?
- ¿Sigue siendo el conjunto estiloso y actual?

Consejo Profesional*: "El estilo estacional = inspiración atemporal."*

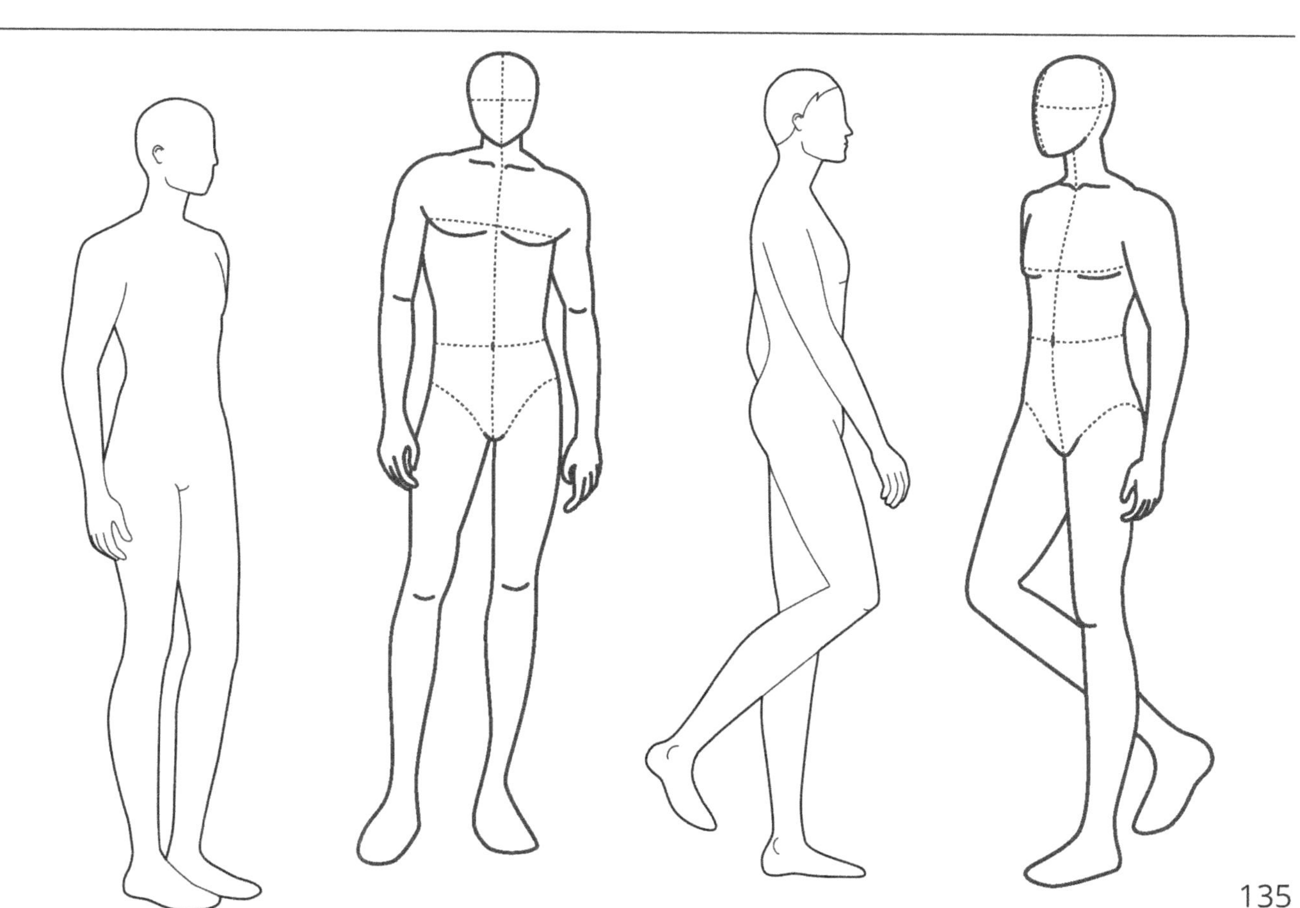

Transformación de la Camiseta

Empieza con una camiseta básica masculina y reinvéntala. Juega con cortes, gráficos, capas o combinaciones de materiales.

Indicaciones:
- ¿Cómo destaca tu camiseta entre lo común?
- ¿Es más casual, deportiva o de alta moda?
- ¿Funcionaría tu diseño para producción en masa o como edición limitada?

Consejo Profesional: *"El artículo más simple puede contener las ideas más audaces."*

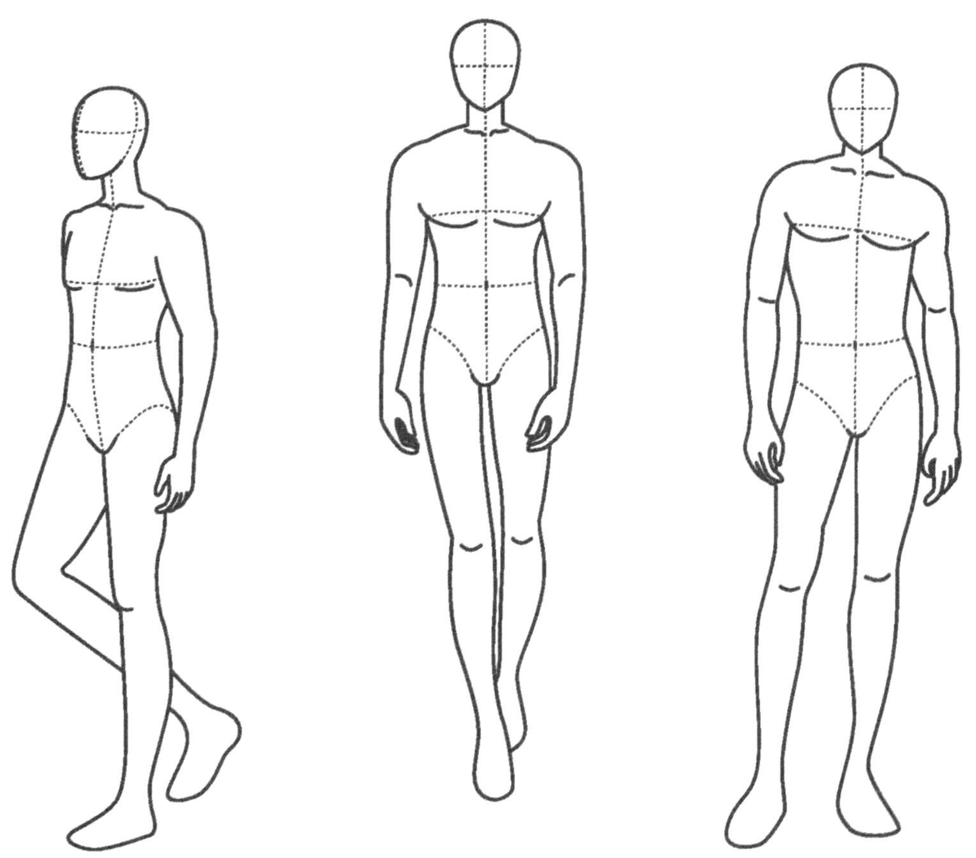

Combina y Contrasta Opuestos

Combina dos estilos opuestos en un solo conjunto (por ejemplo: urbano + formal, deportivo + lujoso, vintage + futurista).

Indicaciones:

- ¿Qué elementos contrastan con más fuerza?
- ¿Cómo equilibraste tensión y armonía?
- ¿El resultado es inesperado pero ponible?

Consejo Profesional: *"Los contrastes crean carácter."*

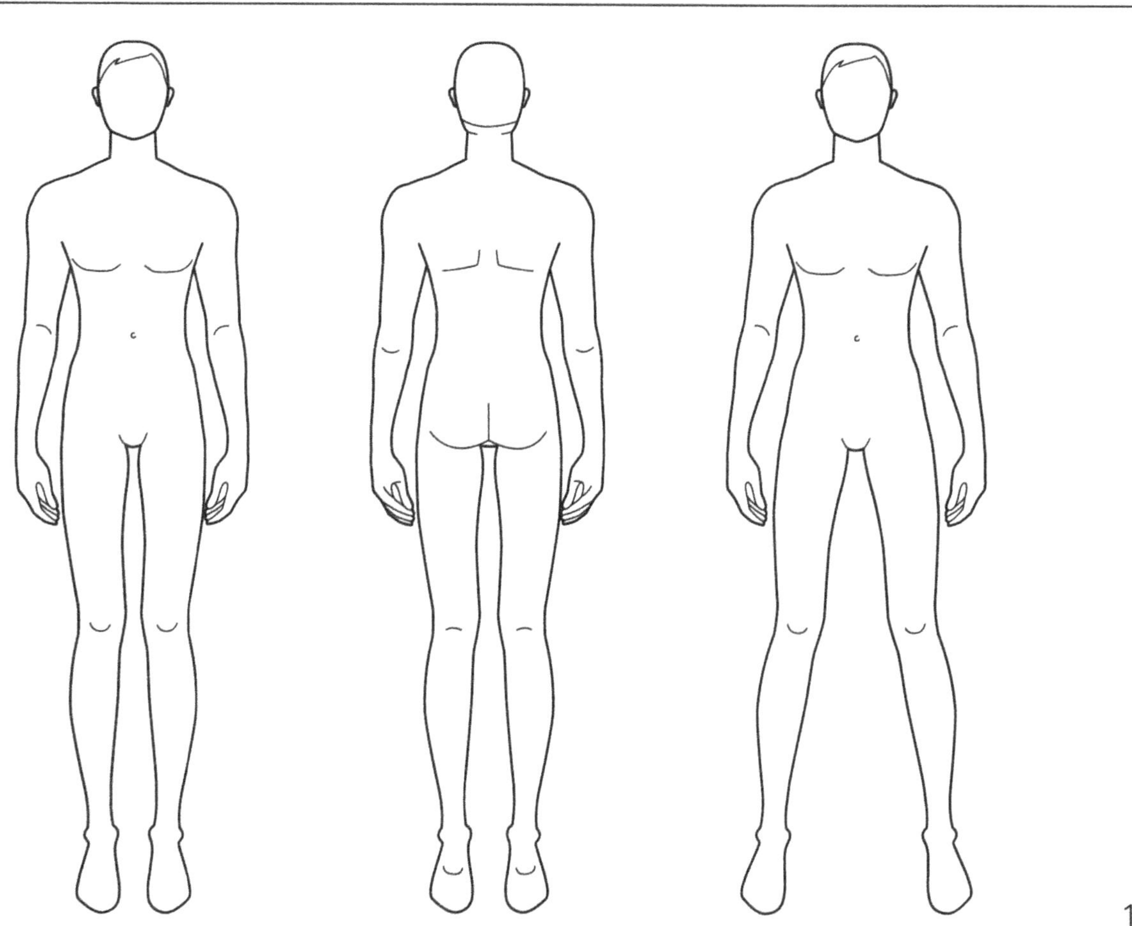

Enfoque en el Accesorio

Diseña un accesorio masculino destacado (reloj, zapatillas, mochila, sombrero, corbata, etc.) que transforme un look. Los accesorios cuentan historias poderosas.

Indicaciones:
- ¿Qué accesorio elegiste y por qué?
- ¿Cómo complementa o eleva el conjunto?
- ¿Podría convertirse en una pieza icónica dentro de una colección?

Consejo Profesional*: "Los accesorios son los signos de exclamación del estilo."*

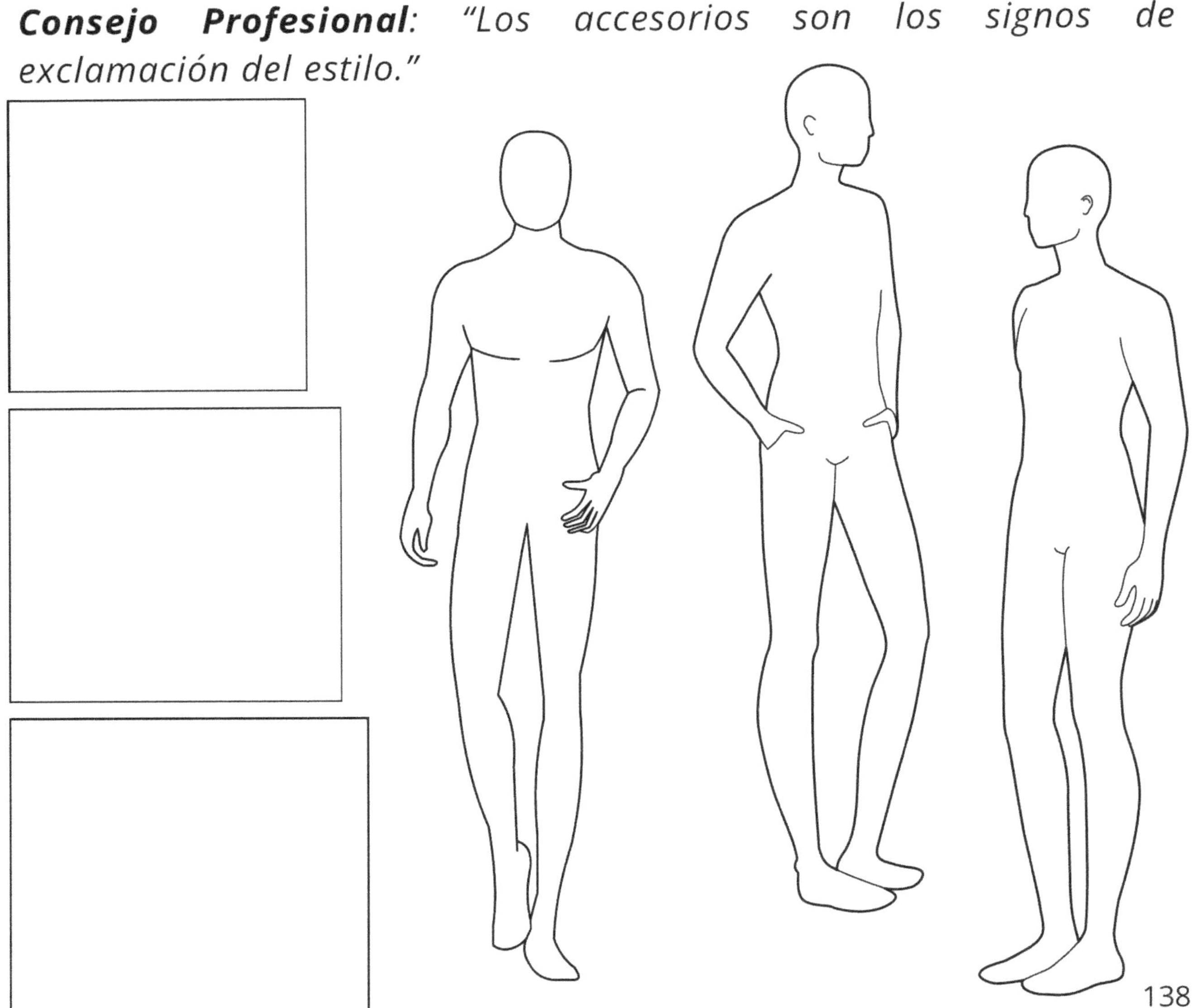

La Moda a Través del Tiempo

Elige una década (años 20, 70, 90, etc.) y rediseña un conjunto masculino inspirado en esa época, pero actualizado para hoy.

Indicaciones:

- ¿Qué elementos clave definen tu década elegida?
- ¿Cómo los adaptaste a las tendencias modernas?
- ¿Mantiene el diseño su encanto retro mientras se siente contemporáneo?

Consejo Profesional: *"Cada década deja una huella: reinterpretala con tu visión."*

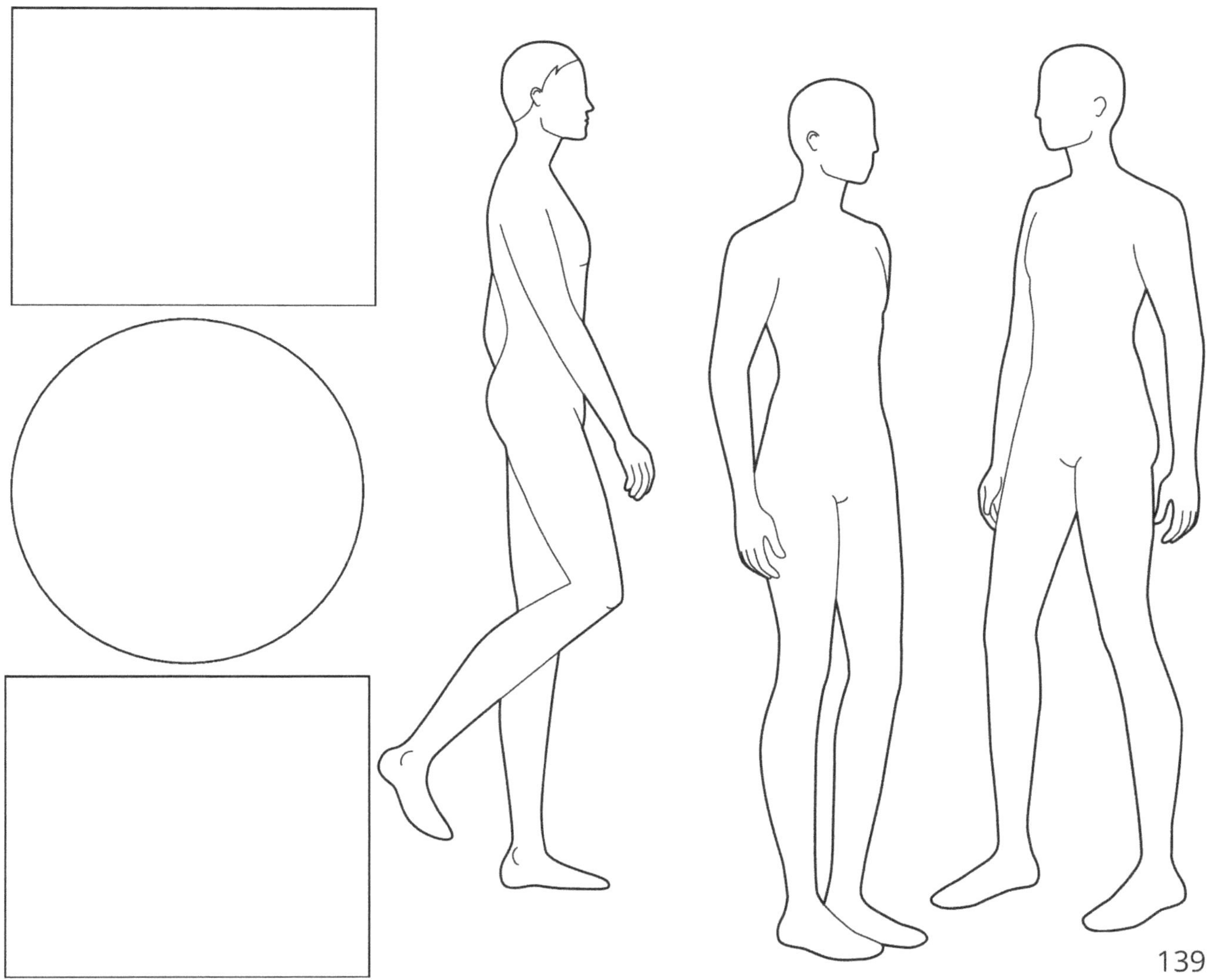

De Moodboard a Conjunto

Crea un mini moodboard y luego diseña un conjunto basado en él. Reúne colores, texturas e imágenes que te inspiren, pégalos o dibújalos en el espacio de abajo y traduce esa sensación en un look ponible.

Indicaciones:
- ¿Cuál es el tema de tu moodboard?
- ¿Qué elementos se tradujeron en tu diseño?
- ¿El conjunto final refleja el espíritu de tu tablero?

Consejo Profesional:
"Un concepto sólido = una colección sólida."

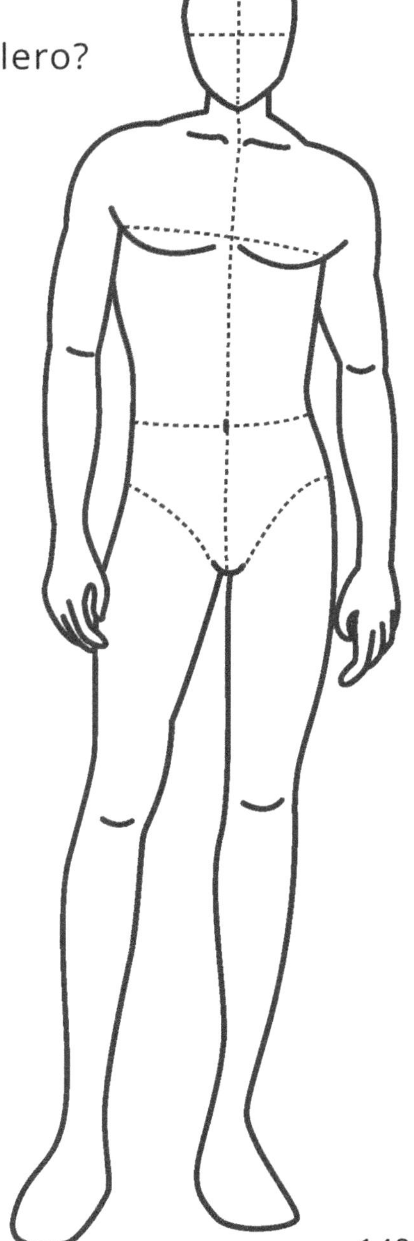

Lista de Verificación del Diseñador de Moda

Todo diseñador de moda necesita las herramientas y materiales adecuados.

Utiliza esta lista para mantenerte preparado en cada sesión de bocetos y proyecto de diseño. Marca las casillas a medida que construyes tu kit creativo, ¡y no dudes en añadir tus propios imprescindibles!

Esenciales para diseñar

- Cuadernos de bocetos y papel en blanco ....
- Plantillas de figuras de moda ....
- Lápices (HB, 2B, 4B) ....
- Rotuladores finos y plumas de tinta ....
- Gomas y sacapuntas ....
- Reglas y curvas francesas ....

Color y texturas

- Lápices de colores ....
- Rotuladores / marcadores al alcohol ....
- Acuarelas o gouache ....
- Muestras de tela ....
- Muestras de textura ....

Herramientas y accesorios

- Tijeras y cúteres ....
- Pegamento en barra / cinta adhesiva ....
- Cinta métrica ....
- Alfileres / clips ....
- Carpeta o portafolio ....

Herramientas digitales (opcional)

- Tableta de dibujo ....
- Lápiz digital ....
- Software de moda (CAD / apps de boceto) ....

Investigación textil

- Catálogos de tejidos ....
- Revistas de tendencias ....
- Materiales para moodboards ....

Mis Telas y Marcas Favoritas
- *Espacio para notas*

¡Esta página es solo para ti!

Anota tus telas, texturas y marcas favoritas. Piensa en los materiales que más te inspiran: desde el algodón suave hasta la lana estructurada o el cuero elegante.

Mis 3 telas favoritas:

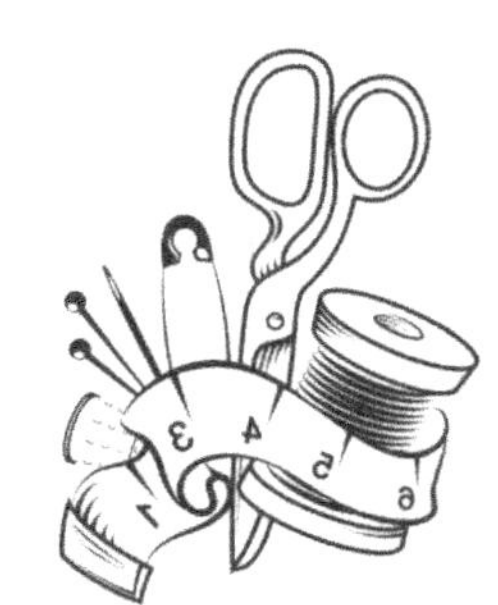

- Telas con las que me encantaría trabajar:
- Mi tienda o marca textil de referencia:
- La tela que representa mi estilo:
- Material soñado para usar en el futuro:

Deja espacio para notas y pequeños cuadros donde pegar o sujetar muestras de tela.

Mi Diario Personal de Moda

Un espacio para tus reflexiones como diseñador.

Has llegado a la parte final de este cuaderno, pero este es solo el comienzo de tu viaje creativo.

Usa esta página para capturar tus pensamientos, aprendizajes y sueños.

- Lo que he aprendido hasta ahora:
- Mis diseños favoritos que he creado:
- El estilo que mejor me representa:
- Mis próximos objetivos como diseñador:

"Cada boceto es una nueva posibilidad. Sigue experimentando, sigue dibujando, sigue creando."

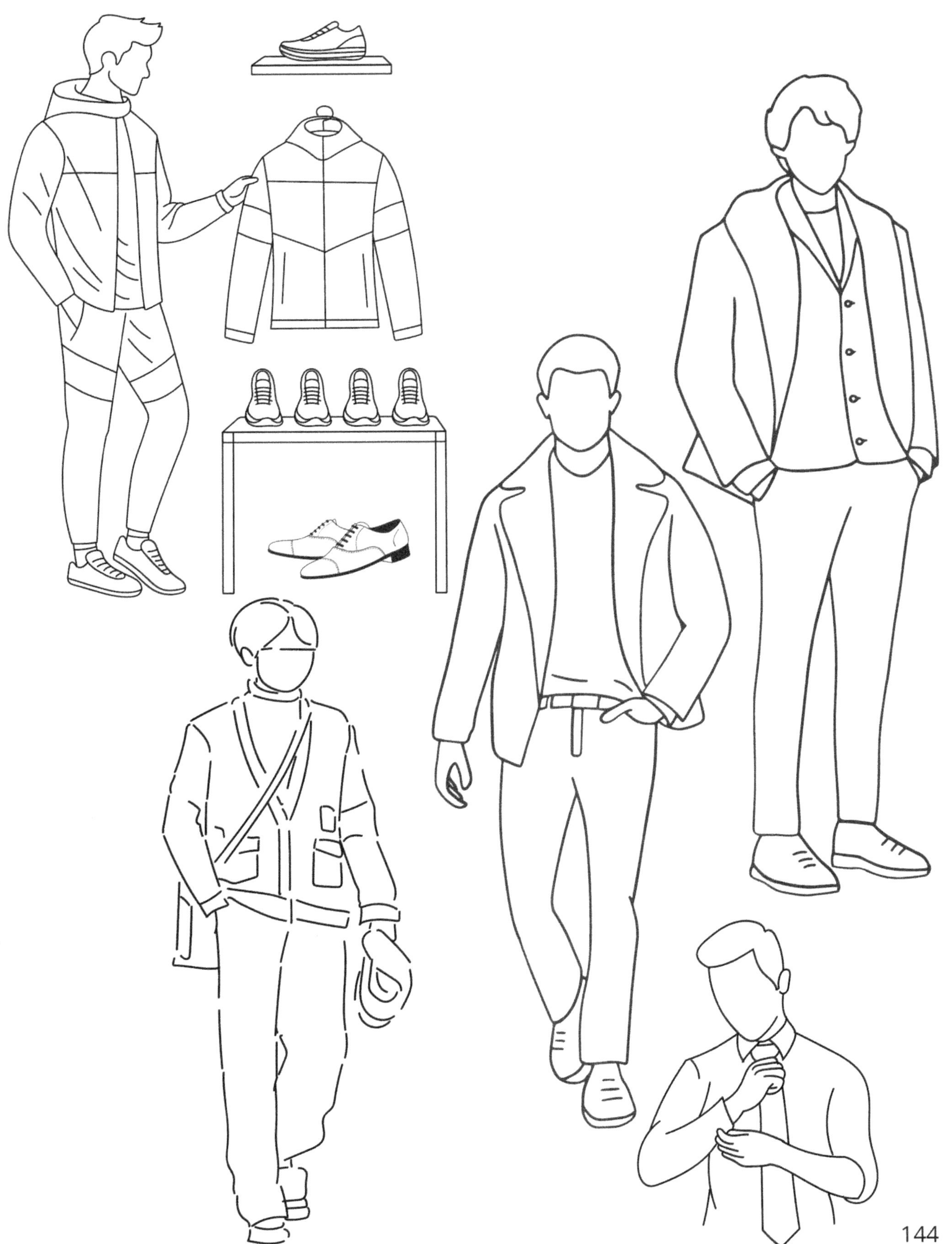

¡Felicidades!
¡Lo Lograste!

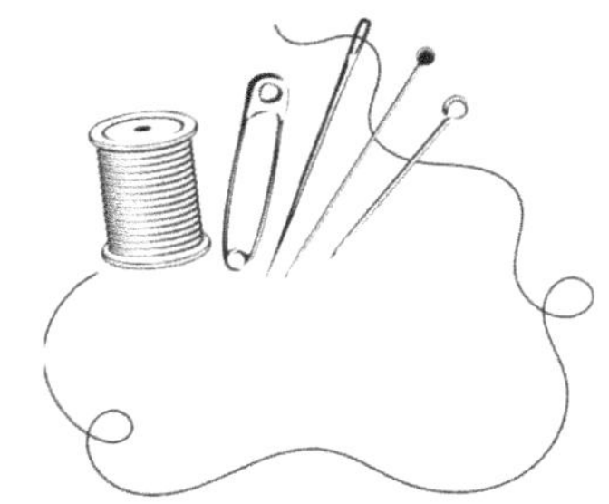

¡Felicidades, diseñador!

Has llegado a las últimas páginas de este cuaderno de práctica, lo que significa que has invertido tiempo, energía y creatividad en desarrollar tu visión.

Tanto si empezaste como principiante o ya tenías experiencia, cada boceto, idea y nota aquí añadida fue un paso adelante en tu camino. La moda es más que telas y cortes: es narrativa, identidad y creatividad.

Cada ejercicio completado te acercó a refinar tu estilo único y ganar confianza en tu arte.

Recuerda: el crecimiento viene con la constancia.

Sigue dibujando, explorando y, sobre todo, ¡diviértete con tu arte!

¡Nos encantaría saber de ti!

Si este cuaderno te inspiró, comparte tu opinión. Tu historia puede ayudar a otros diseñadores a descubrirlo y comenzar su propio viaje creativo.

¡Gracias por ser parte de esta aventura!

Sigue dibujando, sigue diseñando
¡y nunca dejes de expresar tu visión!

Niky Jadesson

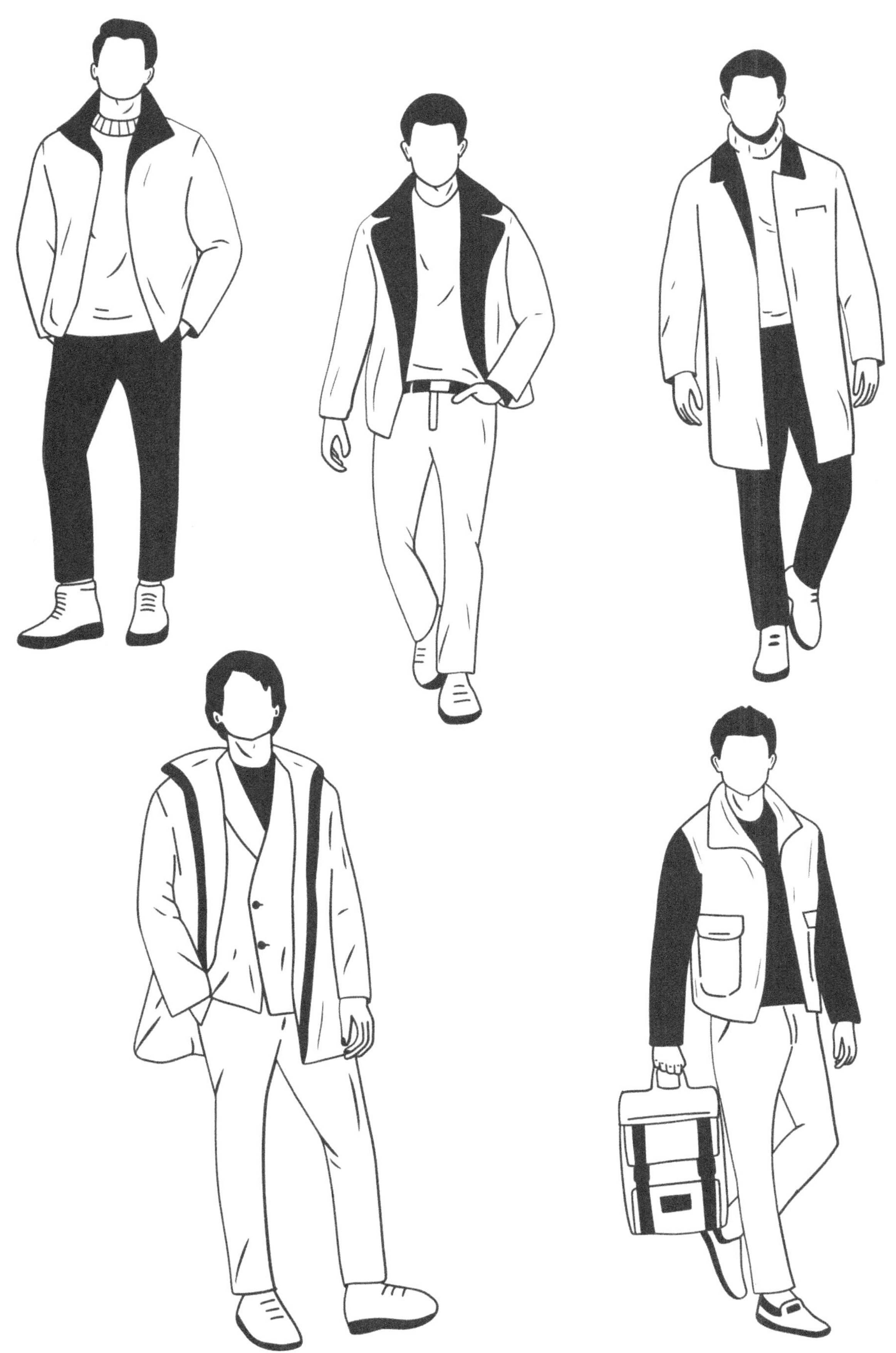

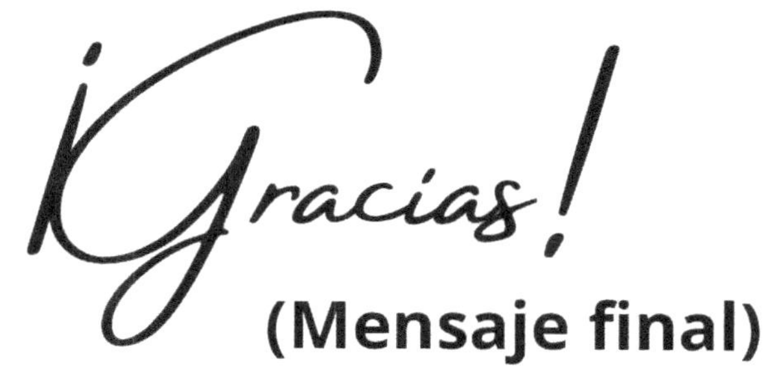

¡Gracias!

(Mensaje final)

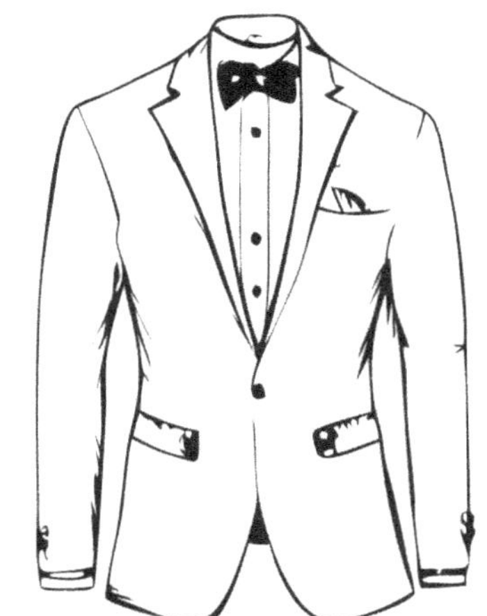

¡Gracias por estar aquí!

Esperamos que hayas disfrutado de este cuaderno y que lo hayas encontrado inspirador, práctico y divertido de usar.

¡Tu apoyo significa el mundo para nosotros!

Como proyecto editorial independiente, cada reseña, palabra amable o sugerencia nos ayuda a seguir creando más herramientas para diseñadores de moda como tú.

Si deseas compartir tus comentarios, ideas o simplemente saludar, nos encantaría saber de ti:

nikyjadesson@gmail.com

También puedes descubrir más versiones de este cuaderno buscando **Niky Jadesson Books.**

Gracias nuevamente por ser parte de este viaje creativo.

*¡Que tu arte siga brillando con
cada nuevo boceto que crees!*

Niky Jadesson

¡Gracias Por Elegir Este Libro!

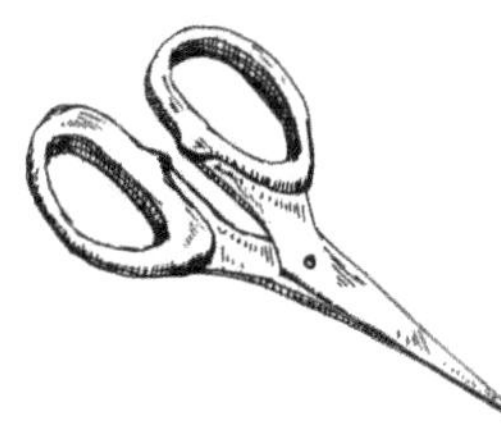 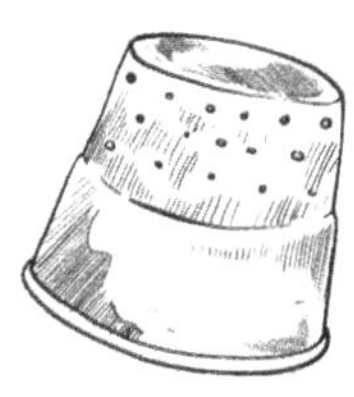 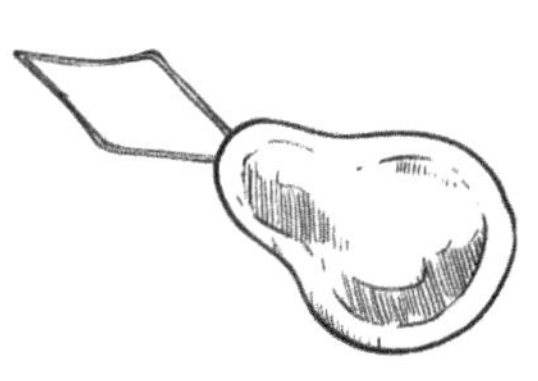 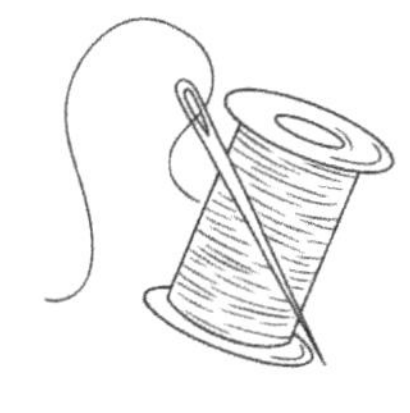

Agradecemos profundamente el tiempo, esfuerzo y pasión que has dedicado a este cuaderno.

Tu creatividad nos inspira a seguir creando recursos que fomenten el crecimiento, la confianza y la autoexpresión.

Si te resultó útil, tu reseña significa mucho: ayuda a que otros creadores lo descubran y apoya nuestra misión de inspirar más.

¿Quieres explorar más?

Encuentra otros diseños y versiones buscando: Niky Jadesson Books en línea.

Gracias de nuevo y, sobre todo:

Sigue dibujando, sigue diseñando ¡y sigue creando!

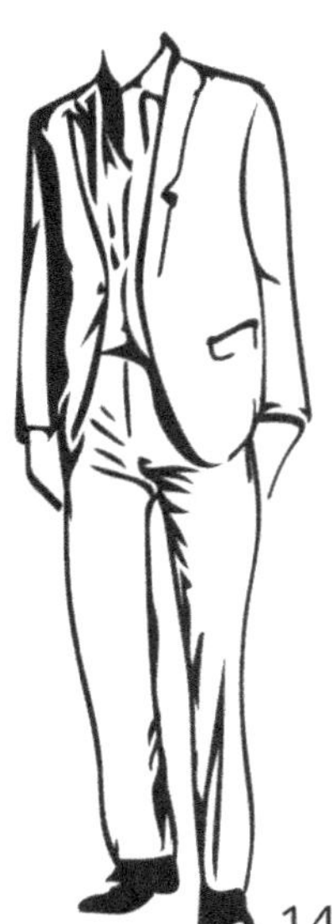

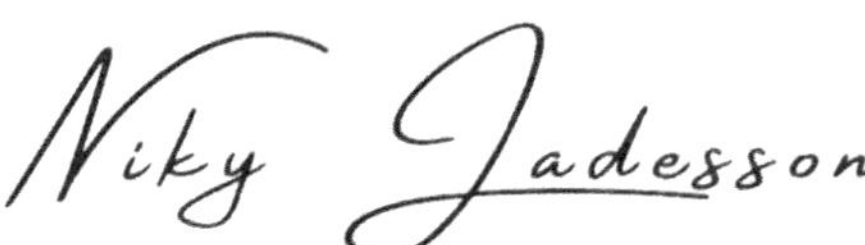

Sobre la Autora

Niky Jadesson es una autora y diseñadora creativa apasionada por combinar educación e imaginación.

Con amor por el arte y la autoexpresión, crea libros que ayudan a los lectores a explorar su creatividad, desarrollar nuevas habilidades y disfrutar del proceso.

Su inspiración proviene de la alegría de aprender, la belleza de la transformación y la confianza que se gana con la práctica.

Cuando no está escribiendo o diseñando, disfruta de paseos por la naturaleza, una buena taza de té y de idear nuevas formas de hacer que el aprendizaje y la creatividad sean divertidos.

Su misión es simple: inspirar y empoderar a las personas para que se expresen, una página a la vez.

Sus proyectos editoriales incluyen cuadernos de bocetos de moda femenina y masculina, diseñados para inspirar a creadores de todos los niveles.

Descubre más buscando: **Niky Jadesson Books**

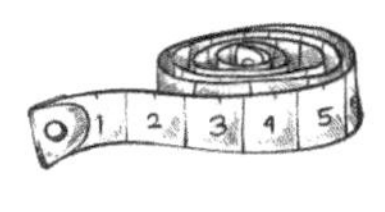 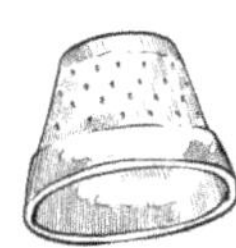

Glosario de Términos de Moda

(I)

- **Silueta -** Forma u contorno general de una prenda. Es la primera impresión de un diseño.
- **Patrón -** Plantilla utilizada para cortar piezas de tela antes de ensamblar una prenda.
- **Caída (drapeado) -** La manera en que la tela cae y se mueve sobre el cuerpo o el maniquí.
- **Costura -** Línea de puntadas donde se unen dos piezas de tela.
- **Bajo / dobladillo -** Borde inferior de una prenda, generalmente terminado para evitar que se deshilache.
- **Corpiño -** Parte superior de una prenda que cubre el torso.
- **Línea de cintura -** Donde el corpiño se une con la parte inferior, definiendo proporciones.
- **Solapas -** Pliegues doblados en la parte frontal de una chaqueta o abrigo.
- **Sastrería -** Arte de diseñar y confeccionar prendas masculinas a medida.
- **Tejido de sastrería -** Materiales como lana, tweed o lino usados en ropa estructurada.
- **Forro -** Capa interior de una prenda que aporta comodidad y acabado.
- **Textil -** Cualquier tejido, tricotado o material fabricado usado en moda.
- **Fibra -** Material básico del que se hacen las telas (algodón, lana, seda, poliéster, etc.).
- **Couture / Alta costura -** Moda exclusiva y hecha a mano, a medida.
- **Prêt-à-porter (Ready-to-Wear) -** Ropa producida en tallas estándar y vendida en tiendas.
- **Armario cápsula -** Pequeña colección versátil de prendas esenciales diseñadas para combinarse entre sí.

Glosario de Términos de Moda
(II)

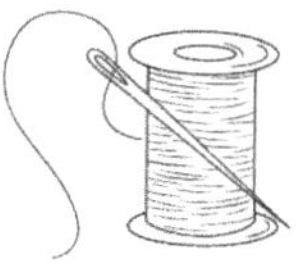

- **LaCapas (Layering)** - Estilo que combina varias prendas para dar profundidad y flexibilidad.
- **Paleta de color** - Conjunto de tonos elegidos para una colección o conjunto.
- **Tendencia -** Estilo, detalle o forma popular que domina la moda en un momento dado.
- **Moodboard -** Collage visual de imágenes, colores y texturas que inspiran un diseño.
- **Pinza -** Pliegue cosido que da forma a la tela para ajustarse al cuerpo.
- **Canesú (Yoke) -** Panel moldeado (en hombros o caderas) que sostiene el resto de la prenda.
- **Corte al bies -** Corte diagonal al hilo de la tela que da caída y movimiento.
- **Adornos (Trim) -** Elementos decorativos como encajes, cintas o bordados.
- **Avíos / Complementos (Notions) -** Pequeños elementos como cremalleras, botones o ganchos.
- **Moda sostenible -** Prendas diseñadas con responsabilidad ambiental y ética.
- **Fast fashion -** Moda producida en masa, económica y de corta duración inspirada en tendencias.
- **Alta costura (Haute Couture) -** Máximo nivel de artesanía en moda, a menudo piezas únicas.
- **Colección -** Conjunto de prendas coordinadas presentadas por un diseñador en una temporada.